KB054481

UNLOCK 혁명

빅 데 이 터 비 밀 열 쇠

UNLOCK

데이터·AI, 세상을 바꾸다

혁명

최은수, MBN 데이터·AI 보고서 팀 지음

매일경제신문사

"빅데이터는 21세기의 석유다."

지난 6개월 동안 빅데이터·AI 보고서 팀이 조사를 하며 내린 결론이다. 2011년 글로벌 IT 리서치 기업인 가트너Gartner에서도 같은 결론을 내린 바 있다.

그런데 미래의 원유 역할을 할 빅데이터를 쌓아두거나 흘려보내면 아무런 소용이 없다. 데이터를 제대로 분석해서 그 속에서 진주를 찾아내는 '데이터 언락Unlock 혁명'을 일으켜야 한다.

언락 혁명이란 전 세계 국가와 기업들이 빅 데이터를 활용해 일으키고 있는 대혁신 활동을 말한다. 데이터 속에 숨겨진 보물 창고의 문을 여는 비밀 열쇠를 찾아내 봉인을 해제한다는 뜻이다.

이 책에는 데이터를 활용해 어떤 혁신이 가능한지 수많은 사례를 제시하고 있다. 나아가 빅데이터로 어떤 비즈니스 모델을 만들 수 있는지, 수많은 글로벌 기업들은 기존 조직을 어떻게 '데이터·AI 조직'으로 탈바꿈시키고 있는지 그 생생한 이야기를 엿볼 수 있게 했다.

주요 글로벌 기관들은 지금 앞다퉈 '데이터 언락 혁명'을 일으킬 것을 주문하고 있다.

4

맥킨지는 데이터 비밀 창고의 문을 열면 전 세계 경제가 매년 최대 5,800조 원의 부를 창출할 수 있다고 예견했다. 또한 우리가 '데이터 언락 혁명'에 성공하면 2030년까지 전 세계 경제를 1.2%포인트 추가 성장시킬 수 있다고 전망한다. 마이크로소프트는 언락 열쇠를 찾아 혁신적인 신약 개발에 도전하고 있다. 시장 조사기관인 IDC는 유럽에서만 언락 혁명의 경제적 영향력이 1,300조 원에 달할 것으로 내다보고 있다. 우리나라에서도 데이터 언락 혁명을 일으키면 2022년 18조 원 규모의 시장이 만들어진다(과기부, NIA).

이 책은 이 같은 시장을 창출하려면 빅데이터를 어떻게 활용해야 하는지 자세히 소개하고 있다.

특히 데이터·AI 분야에서 국내 최고의 학문적 권위를 가진 KAIST(한국과학기술원) 교수진과 연구진, 대한민국 1호 데이터 거래소를 출범시킨 MBN(매일방송) 기자들과 전문 데이터 과학자, 빅데이터 전문가, 삼성·CJ·SK·GS 등 한국 대표 기업의 브레인들이 필진과 자문가로 원고 작성에 참여해 통찰력을 제공했다. 데이터 비즈니스를 기획하는 기업, 데이터 전문 기업을 꿈꾸는 창업자, 데이터를 공부하고 싶은 사람들이 반드시 읽어야 할 '데이터·AI 교과서'로 손색이 없는 책으로 완성되었다.

이 책은 언락 혁명의 필요성, 전 세계에서 일어나고 있는 '데이터 혁명'과 데이터·AI를 활용한 혁신 사례, 국가와 도시의 혁신 사례, 기업 혁신과 데이터 기업의 부상, 데이터 거래시장 현황, 데이터·AI 강국의 길 등 크게 7개의 장으로 구성돼 있다.

Part 1에서는 데이터와 인공지능이 세상을 바꾸는 언락 혁명을 소개하며, 현재 우리나라의 언락 혁명을 가로막고 있는 5가지 족쇄와 대한민국을 데이터 강국으로 만들어줄 언락의 열쇠에 대해 다루고 있다.

Part 2에서는 전 세계에 불고 있는 '데이터 혁명'을 전체적으로 조망했다. 데이터 경제Data Economy가 어떠한 방식으로 작동하는지, 데이터가 바꿔놓고 있는 다양한 영역들을 구체적으로 살펴봤다. 또 데이터를 두고 벌이는 각국의 '데이터 패권 경쟁'은 어떤 양상으로 전개되는지도 다루고 있다.

Part 3는 데이터와 AI로 비즈니스를 혁신한 글로벌 기업들의 사례를 담았다. 데이터를 활용해 생산성과 효율성을 높이고, 나아가 시장의 미래까지 예측하는 모습이 펼쳐진다. 단순한 상품 제조에서부터 인간이 지금까지 도전할 수 없었던 생명과학의 난제 해결까지 데이터로 만들어낸 다양한 모습들을 살피고, 우리 기업이 앞으로 나가야 할 방향을 제시한다.

Part 4는 데이터와 AI를 활용한 정부와 공공기관 등의 사례를 소개했다. 데이터로 지진과 화재를 예측하고, 범죄와 질병을 예방하면서 개개인의 삶의 질은 과거와 비교할 수 없을 정도로 크게 향상되고 있다. 재난, 치안, 교통, 의료 등 여러 분야에서 진행되고 있는 데이터 혁명의 사례를 살펴보며 미래 국가의 발전 방향은 어떠해야 하는지 그 단초를 제공한다.

Part 5는 데이터 벤처 기업들을 다뤘다. 이미 많은 시장 조사업체들이 기술이 발전함에 따라 데이터 AI 벤처가 주류 산업으로 부상할 것이라는 전망을 내놨다. 농업과 음반, 영화, 번역, 뷰티 등 그야말로 모든 분야의 데이터 벤처 기업이 등장하고 있다. 이들이 시장에 일으키는 새로운 바람을 통해 산업 구조 전체가 변화하는 모습도 살필 수 있다.

Part 6의 키워드는 '데이터 거래소'다. 데이터 경제의 근간에는 주체들이 자유롭게 데이터를 사고 팔 수 있는 데이터 거래소가 있다. 이미 미국에는 4,000개가 넘는 데이터 거래소가 활발히 운영되고 있다. 우리나라도 조금 늦은 감이 있지만, 곧 최초의 민간 거래소가 문을 연다. 데이터 거래소가 어떻게 데이터 경제를 떠받치는지, 그 중요성은 어느 정도인지 집중적으로 담았다.

마지막 Part 7에서는 대한민국이 데이터 선진국이 되기 위한 제언을 담았다. 데이터 산업 활성을 위한 법을 만들고, 데이터 거래소를 활성화하고, 데이터 벤처를 육성하고, 데이터 인재를 키워야 한다. 이는 결국 데이터 생태계로 이어져 우리나라의 번영을 약속하는 열쇠가 될 것이다. 당연한 이야기 같지만 너무나 중요한 내용이다.

여러분도 이 책을 교과서 삼아 '데이터 언락 혁명'을 일으키는 주인공이 되기를 바란다.

데이터·AI 보고서 팀

CONTENTS

일러두기
1. 주요 인명과 특수 용어 등은 처음 한 번에 한해 원어를 병기했다.
2. 맞춤법과 외래어 표기는 〈한글 맞춤법 규정〉과 〈표준국어대사전〉을 따랐다.
3. 신문과 잡지, 영화 등은 〈〉로 표시했다.

언락 혁명

지금 전 세계에는 언락 혁명의 열풍이 불고 있다. 데이터 경제 시대에는 데이터를 거래하거나 데이터를 가공해 돈을 버는 것이 경제의 중심이 될 것이다. 전 세계 국가와 기업들은 하루에 해리 포터 6,500억 권 분량으로 쏟아지는 데이터를 이용해 부를 창출하는 대혁신을 향해 달려가고 있다. 데이터를 얼마나 가치 있게 사용하는가에 달린 이 게임은 누가 안전하고 빠르게 보물 창고의 문을 여는 비밀 열쇠를 찾느냐에 따라 승부가 갈린다. 데이터·AI 보고서 팀은 전 세계 국가와 기업이 빅데이터를 활용해 일으키고 있는 대혁신 활동을 '데이터 언락 혁명'이라 정의했다.

　데이터는 인공지능 기술과 만나 진화하면서 지금까지 없던 새로운 재화와 혁신적인 서비스를 창출하고 있다. 현재 데이터양은 2년마다

2배씩 증가하고 있으며, 세계 데이터 시장은 2022년까지 2,600억 달러 규모로 성장할 전망이다. 또한 이를 활용한 인공지능 기술은 향후 10년간 글로벌 GDP를 매년 1.2%포인트씩 끌어올려 총 13조 달러의 경제적 효과를 발생시킬 것이라 예측하고 있다.

기업 현장의 움직임은 더욱 빠르다. 세계적인 IT 공룡들은 기존의 제조업 기반 경제에서 데이터 중심 경제로 패러다임 전환을 주도하며 새로운 가치사슬과 산업 생태계를 만들어가고 있다. 그 결과 시가총액 기준 글로벌 5대 기업은 전통적인 대기업이 아닌 데이터를 수집하고 다루는 기업으로 모두 바뀌었으며, 유니콘의 상징이 된 업체들은 데이터의 힘만으로 세계적인 기업들을 뛰어넘고 있다.

빅데이터는 이미 하나의 거대한 산업이 됐다. 빅데이터 기반 스타트업 분석 플랫폼 '크런치베이스'에서 전수 조사한 결과 2019년 10월 기준 현재 전 세계에 있는 빅데이터 스타트업은 9,746개인 것으로 집계됐다. 또 지금껏 이들 기업에 투자한 자금만 805억 7,953만 달러(약 94조 원)에 달하는 상황이다.

공공 영역에서도 서비스 혁명이 한창이다. 미국 경찰은 범죄 관련 빅데이터를 분석해 날마다 범죄 발생 위험 지역 15곳을 경찰관에게 알려주고 있다. 지역 경찰은 이 지역에 대한 순찰을 강화해 강도 발생을 27%나 줄였다. 미국 지질조사국은 스마트폰 센서를 빅데이터화해서 지진 발생을 23초 전에 알려주는 지진 경보 시스템을 개발해 사망자를 90%나 줄일 수 있는 혁신에 성공했다. 중국은 스마트시티 전략에 빅데이터와 인공지능을 적극 활용하고 있다. 세계 최초의 빅데이터 버스인 신샹버스는 목적지가 같은 시민 22명이 스마트폰에 출발지와 목적지를 입력하면 새로운 버스 노선을 자동으로 만들어준다. 택시 기본요금(11위안)의 절반도 안 되는 860원(5위안)이면 어디든지 택시처럼 갈 수 있는 버스 노선을 만들 수 있다. 네덜란드의 암스테르담에서는 신호등의 빅데이터를 토대로 차량이 이동할 때 초록 신호만 켜지는 꿈의 도로를 구현했다. '그린웨이브Greenwave'라 불리는 이 신호 체계는 서핑을 할 때 파도가 부서지기 전에 올라타면 더 멀리 나아갈 수 있는 파도의 이름에서 유래되었다.

이처럼 데이터와 인공지능을 얼마나 잘 활용하느냐가 미래의 승자를 결정짓는 시대에 한국의 현실은 어떨까. 우리나라의 데이터 생산량은 세계 5위 수준이지만 빅데이터 활용 순위는 전 세계 63개국 중 31위에 불과하다. 중국은 물론 인도네시아에도 뒤진 상황이다. 데이터와 AI 분야의 기술력과 연구역량도 취약해 CB인사이트가 꼽은 2019년 세계 100대 AI 스타트업에 국내 기업은 단 한 곳도 이름을 올리지 못했다. 혁신적인 아이디어를 가로막고 있는 과도한 규제 역시 큰 걸림돌이다.

데이터의 가치를 일찍 알아본 미국은 가장 먼저 '빅데이터 R&D 전략'을 통해 세계 최대의 데이터 선진국으로 거듭났다. 중국은 14억 인구가 생산하는 데이터를 토대로 전 세계에서 가장 앞선 4차 산업혁명 시대를 열고 있다. 유럽과 일본도 '데이터 경제 육성 전략', 'Society 5.0'을 통해 데이터 언락 혁명에 동참하고 있다.

하지만 우리나라는 2018년 정부가 데이터 경제로의 전환을 선언하고 개인정보 활용 범위를 넓힌 데이터 3법 개정안을 발의했지만, 거듭된 국회 파행과 시민단체의 반발 등으로 인해 한 걸음도 앞으로 나아가지 못하고 있는 실정이다. 국내에서도 데이터 언락 혁명을 일으키면 3년 안에 18조 원 규모의 시장이 만들어질 것이란 게 정부의 예상이다.

데이터·AI 보고서 팀이 분석한 결과, 대한민국의 데이터 산업에는 현재 5개의 족쇄가 채워져 있다. 세계에서 가장 엄격한 '규제의 족쇄', 아무리 좋은 데이터라도 사고 팔 수 없는 '거래 불가능의 족쇄', 데이터·AI 산업을 키워갈 '인재 부족의 족쇄'가 데이터 산업의 미래를 어둡게 하고 있다. 더군다나 국민들의 데이터에 대한 '부정적인 시각의 족쇄'와 데이터를 국가 자원으로 만들지 못하고 있는 '정부 리더십 부재의 족쇄'가 해법조차 찾지 못하도록 하고 있다.

따라서 대한민국이 데이터 강국으로 도약하기 위해서는 규제 언락의 열쇠, 데이터 거래 활성화를 위한 언락의 열쇠, 데이터 산업의 미래를 열어줄 인재 양성 언락의 열쇠, 데이터에 대한 대국민 사고의 대전환을 이끌어내기 위한 언락의 열쇠, 국가 차원의 혁신을 가능하게 할 정부 리더십 언락의 열쇠가 시급히 필요하다.

대한민국이 데이터 강국으로 거듭나려면 가장 먼저 규제의 족쇄를 과감히 언락해야 한다. 전 세계는 지금 데이터 규제 언락 혁명을 일으키고 있다. 미국의 트럼프 대통령은 대통령이 되자마자 개인정보 활용 사전 동의 제도를 없애 데이터 산업을 꽃피울 수 있게 도왔다. 유럽은 가명 처리해 사용할 수 있도록 규제를 없앴다. 하지만 대한민국은 국회에서 '개망신 법'이라는 비아냥을 들으면서도 1년 넘게 관련 법안이 잠

자고 있다. 이제라도 정쟁을 멈추고 지금 당장 데이터 3법을 통과시켜야 한다.

　데이터를 자유롭게 사고 팔 수 있는 데이터 거래시장 언락의 열쇠도 필요하다. 전 세계는 현재 4,000여 개의 데이터 거래소를 통해 매년 200조 원에 달하는 데이터 거래시장을 만들어내고 있다. 이 데이터 시장은 매년 11%씩 고속성장하며 황금알을 안겨주고 있다. 그러나 우리나라는 같은 그룹 내 계열사와도 거래는커녕 공유조차 할 수 없다. 정부 주도로 2019년 10개의 빅데이터 플랫폼이 출범하지만 현재와 같은 데이터 거래 불능 구조로는 절대 데이터 거래를 활성화할 수 없다. 문재인 대통령이 대한민국을 AI 강국으로 만들겠다는 약속 역시 구호로 끝날 수밖에 없는 상황이다. 이제 정부는 공공데이터를 전면 개방하고 데이터를 표준화해 기업·단체·연구소 등이 자유롭게 쓸 수 있도록 해야 한다. 특히, 데이터 바우처 지원 사업을 확대해 데이터 거래 생태계를 만들어야 할 때다.

　대한민국 데이터 산업을 선도할 인재 양성 언락의 열쇠를 찾아내야 한다. 미국 스탠퍼드대는 140명이던 데이터 관련 학과 정원을 10년 만에 750명으로 늘려 데이터 인재 양성에 앞장서고 있다. MIT는 1조 2,000억 원을 투입해 AI 대학을 설립했다. 반면 우리나라의 서울대는 15년째 55명 정원에 묶여 있다. 데이터의 기본이 되는 수학의 행렬 교육은 고등학교 교과과정에서 사라졌으며, 공교육 과정에는 코딩 과목이 없어 사설 학원에만 의존하고 있는 실정이다.

　데이터를 바라보는 부정적인 생각을 바꿀 언락의 열쇠도 필요하다.

데이터는 우리의 생명을 지켜주고 생활을 편리하게 해주는 동반자가 될 수 있다. 지난 2015년 38명의 소중한 생명을 앗아가고 6조 3,000억 원의 경제적 피해를 안긴 중동호흡기 증후군을 종식시킨 것은 중동 지역에 여행을 간 사용자들의 로밍폰 사용 빅데이터였다. 서울시가 예산 낭비를 걱정해 도입을 주저했던 올빼미 버스의 성공을 만들어낸 것 역시 빅데이터였다. 올빼미 버스 노선은 서울시가 심야 통화기록 빅데이터를 토대로 유동인구가 가장 많은 지역 중심으로 만들어져 심야 시민들의 발이 됐다.

국가 차원의 데이터 경제 혁신을 가능하게 할 정부 리더십 언락의 열쇠도 필요하다. 미국과 영국, 일본 등은 국가의 데이터 정책을 한 개의 부처로 일원화하고 있다. 하지만 대한민국은 행정안전부, 과학기술정보통신부, 금융위원회로 기능이 나눠져 있어 제각기 서로 다른 입장만 내세우고 있다. 곤란한 상황이 생기면 책임을 떠넘기거나 시민단체의 눈치만 보고 있다. 데이터·AI 보고서 팀은 데이터 정책을 총괄할 부처를 지명하거나 국가 데이터 전담 부처를 신설해 데이터·AI 강국의 비전을 만들어낼 것을 제안한다. 공공기관과 기업은 데이터 관리 최고책임자, 즉 CDO를 임명해 조직을 데이터 중심으로 전면 재편해야 한다.

규제 언락의 열쇠, 데이터 거래 활성화 언락의 열쇠, 인재양성 언락의 열쇠, 사고 대전환 언락의 열쇠, 정부 리더십 언락의 열쇠, 대한민국을 데이터 강국으로 바꿔줄 이들 다섯 개 언락의 열쇠가 반드시 필요하다.

데이터는 미래를 미리 대비할 수 있게 해주고, 비즈니스를 혁신할 지혜를 가져다준다. 즉 빅데이터의 비밀 창고는 우리가 찾고자 하는 미래 예측, 예방, 성과, 번영, 미래에 대한 해법과 통찰력을 제공한다. 우리나라에서도 빅데이터를 자유롭게 활용해 안전한 국가, 편리한 도시, 지속 가능한 지구촌, 불로장생의 삶, 부자 기업의 꿈을 모두 실현시킬 수 있는 '데이터 만사성'의 세상이 열릴 것을 기대해 본다.

데이터·AI,
세상을 바꾸다

빅데이터 세상이 열렸다

데이터 천국이 온다

글로벌 IT 시장 분석기관인 IDC에 따르면 글로벌 데이터스피어 Global DataSphere는 2018년 33제타바이트ZB 수준에서 2025년 무렵에는 175제타바이트에 이를 정도로 폭발적으로 증가할 전망이다. 글로벌 데이터스피어란 디지털화된 콘텐츠를 생성, 캡처, 복사하는 등의 과정에서 발생하는 모든 데이터를 일컫는다.

그렇다면 175제타바이트는 얼마나 많은 양일까. IDC에 따르면 전체 글로벌 데이터스피어를 DVD에 저장해서 쌓는다면 지구에서 달까지 거리의 23배에 달하며, 지구를 22바퀴 돌 수 있는 정도의 두께가 될 것이라고 한다. 또한 미국의 인터넷 평균 연결 속도(25Mb/초)로 한 사람

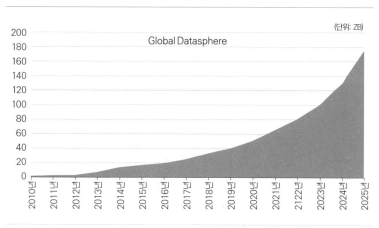

(단위: ZB)

Global Datasphere

출처: IDC

이 이를 다운로드할 경우 18억 년이 걸리고 전 세계의 모든 사람이 쉬지 않고 다운로드할 경우에는 81일이 걸리는 양이라고 한다. 소셜 미디어에 저장된 사진, 비디오, 음악 등 데이터, 제조 생산 라인 데이터, 에너지, 운송 및 통신 인프라 데이터, 금융 거래 데이터, 운임 및 승객 이동에 사용되는 차량 데이터 등이 수없이 쌓여 있기 때문이다.

디지털 경제가 확산되면서 빅데이터Big Data가 4차 산업혁명의 성패를 결정짓는 핵심 화두가 되고 있다. 빅데이터란 글자 그대로 대규모Big 데이터Data를 일컫는 말이다. 아날로그 경제 체계에서 생성되던 데이터와 비교했을 때 그 규모가 방대하고, 짧은 생성주기를 가지며, 숫자, 문자, 영상 데이터 등 수많은 형태를 망라하는 비정형 데이터를 말한다.

IBM의 정의에 따르면 빅데이터란 크기Volume: Big data와 다양성 Variety: Image, text, censor, 그리고 생성 속도Velocity: fast data의 측면에서 기

존 소프트웨어Software로 수집, 관리, 분석할 수 있는 역량을 넘어서는 대규모 데이터를 말한다.

아날로그 경제에서 생성되던 데이터 규모와 비교했을 때 그 양이 방대하고 짧은 생성주기를 가지는 특징이 있다. 데이터의 형태도 숫자뿐만 아니라 문자, 영상, 이미지 등 비정형 데이터까지 포괄하고 있다. 특히 비정형 데이터는 인공지능AI의 도움으로 분석이 용이해지면서 데이터의 가치를 높이고 있다. 뉴스 데이터는 물론 페이스북, 유튜브, 트위터, 블로그 등 소셜 네트워크에서 생성되는 비정형 데이터까지 분석의 대상이 되고 있다.

빅데이터는 일반적으로 너무 거대하고Huge, 빠르며Fast, 이질적이고 Heterogeneous, 복잡하다Complicated는 4가지 특징을 갖고 있다.

빅데이터를 잘 분석한다면 기업의 평판이나 상품에 대한 선호도, 네티즌들의 정치 성향까지 손쉽게 알 수 있게 될 것이다.

핵심기술이 데이터 시대를 열다

빅데이터를 둘러싼 기술은 데이터셋의 관리·분석·제공을 위한 요소 기술과 포괄적 플랫폼 기술로 나뉜다. 빅데이터 분석 기술에는 데이터마이닝, 자연어 처리, 텍스트마이닝, 감정 분석, SNS 분석, 군집 분석 등이 있다.

빅데이터 처리 기술에는 하둡, NoSQL, 인메모리 컴퓨팅이 있고, 빅데이터 시각화 기술에는 워드클라우드, 인포그래픽 등이 있다.

데이터양이 급증함에 따라 처리 속도의 한계와 플랫폼 확장의 어려움 등을 극복하기 위한 시도가 이뤄지기 시작했다. 특히 페이스북, 트위터 등 소셜 네트워크 서비스와 플리커, 유튜브, 틱톡 같은 멀티미디어 서비스의 급성장으로 비정형 데이터를 처리하는 것이 중요한 과제로 대두된 상황이었다.

이 문제를 푸는 데 앞장서고 있는 회사가 바로 구글이다. 구글은 자체 플랫폼을 통해 데이터 저장과 관리, 분석의 한계를 뛰어넘을 수 있게 돕고 있다. 구글은 2003년 구글 파일 시스템GFS, Google File System, 2004년 맵리듀스MapReduce, 2006년 빅테이블BigTable 등을 발표하면서 현재 전 세계적으로 주목받고 있는 클라우드 기술을 진화시켜 본격적인 빅데이터 시대를 열었다.

GFS는 저렴한 사양의 하드웨어 장비를 여러 대 연결해 데이터를 저장하고 관리하는 분산 네트워크 파일 시스템으로, 방대한 양의 데이터를 처리하기 위해 설계됐다. GFS는 하나의 마스터 서버와 다수의 청크 서버Chunk Server로 구성되어 있다. 하나의 파일은 고정된 크기의 청크 단위로 나뉘어 청크 서버에 저장되고, 각각의 청크는 장애에 대응하기 위해 기본적으로 3개의 서로 다른 청크 서버에 복제된다. 마스터 서버는 파일 시스템의 이름공간Namespace과 청크의 위치 정보 등을 관리한다.

맵리듀스와 빅테이블은 분산 컴퓨팅 환경에서 대용량 데이터를 분석하고 저장하기 위한 기술로 지금은 빅데이터 산업의 핵심기술로 자리잡았다.

한편, 방대한 데이터가 축적되면서 전 세계적으로 분산 데이터 처리에 대한 연구가 활발히 진행 중이다. 오픈소스 프로젝트인 아파치 하둡Apache Hadoop이 대표적이다. 아파치 하둡은 10여 개 회사에서 60여 명의 전문가들이 참여했고, 수백 명의 개발자들이 지금도 버그 수정을 돕고 있다.

아파치 하둡이란 빅데이터를 저장, 처리, 분석할 수 있는 소프트웨어 프레임워크이다. 수십만 대의 컴퓨터에 자료를 분산 저장하여 처리하며distributed, 용량이 늘어나는 대로 컴퓨터를 추가할 수 있고scalable, 하나 이상의 컴퓨터가 고장나는 경우에도 시스템이 정상으로 작동하도록 설계된Fault-tolerant, 공개 소프트웨어Open source라는 특징이 있어 널리 활용되고 있다.

빅데이터가 쌓이면서 구글이 먼저 흩어진 데이터를 모아서 처리할수 있는 프레임워크를 구축했지만, 구글은 그 소스를 오픈하지 않았다. 반면에 전 세계 공개 소프트웨어를 생산하는 비영리 조직인 아파치 그룹은 구글의 방식을 따라 하면서도 오픈소스를 제공하는 프로젝트이다. 중앙시스템 역할을 하는 하둡이라는 분산처리 시스템을 중심으로 많은 에코시스템이 존재하는데, 대표적으로 H베이스Hbase, 솔라Solr, 주키퍼Zookeeper, 하이브Hive 등이 있다.

분산 프로그래밍 프레임워크 역할을 하는 하둡은 '하둡 에코시스템'을 탄생시켰으며, 다양한 서브 프로젝트들을 결합시켜 데이터의 수집, 저장, 분석 등을 효율화힐 수 있도록 하고 있다.

하둡의 코어 프로젝트는 하둡 분산형 파일 시스템HDFS과 맵리듀스이다. HDFS는 하둡 네트워크에 연결된 기기에 데이터를 저장하는 분

데이터·AI, 세상을 바꾸다 27

산데이터 저장 시스템이다. 데이터 수정은 불가능하지만 파일 이동, 삭제, 복사를 할 수 있는 인터페이스를 제공한다.

맵리듀스는 대용량의 데이터를 처리하기 위한 분산 프로그래밍 프레임워크로 대규모 분산 컴퓨팅 환경에서 대량의 데이터를 병렬로 분석할 수 있다. 맵이란 연관성 있는 데이터들을 분류하는 작업이고, 리듀스는 중복 데이터를 제거해 원하는 데이터만 추출하는 작업이다.

주키퍼는 흩어져 있는 여러 서버가 제 역할을 할 수 있도록 통합적으로 관리하는 코디네이터 임무를 맡고 있다. 하나의 서버에만 서비스가 집중되지 않도록 하거나 서버에서 처리한 결과를 다른 서버와 동기화해서 데이터의 안정성을 보장한다.

리소스 관리는 얀$_{YARN}$과 메소스$_{mesos}$가 맡는다.

얀은 데이터 처리 작업을 실행하기 위한 클러스터 자원(CPU, 메모리, 디스크 등)과 스케줄링을 위한 프레임워크 역할을 한다. 맵리듀스, 하이브, 임팔라$_{Impala}$, 타조$_{Tajo}$, 스파크$_{Spark}$ 등 다양한 애플리케이션들이 얀에서 리소스를 할당받아 작업을 실행하고 있다.

메소스는 클라우드 인프라스트럭처 및 컴퓨팅 엔진의 다양한 자원(CPU, 메모리, 디스크)을 통합적으로 관리할 수 있도록 만든 자원 관리 프로젝트로 분산 환경에서 작업 실행을 최적화하는 역할을 한다. 현재 페이스북, 에어비앤비$_{Airbnb}$, 트위터, 이베이 등 다양한 글로벌 기업들이 메소스로 클러스터 자원을 관리하고 있다. 메소스에서는 하둡, 스파크, 스톰$_{Storm}$, 엘라스틱 서치$_{Elastic Search}$, 카산드라$_{Cassandra}$, 젠킨스$_{Jenkins}$ 등 다양한 애플리케이션을 실행할 수 있다.

하둡에서 데이터 저장의 핵심 역할은 H베이스와 쿠두Kudu가 맡고 있다.

H베이스는 HDFS 기반의 분산 데이터베이스로 실시간 랜덤 조회 및 업데이트가 가능하다.

쿠두는 컬럼 기반의 스토리지로 특정 컬럼에 대한 데이터 읽기를 고속화할 수 있다.

데이터를 수집하는 소프트웨어에는 비정형 데이터를 수집하는 척와Chuckwa, 플럼Flume, 스크라이브scribe가 있고, 정형 데이터를 수집하는 스쿱Sqoop, 하이호Hiho, 카프카Kafka가 있다. 이중에서 특히 카프카는 데이터 스트리밍을 실시간으로 관리하기 위한 분산 메세징 시스템이다.

수집한 데이터를 처리하는 데이터 처리와 분석 프로젝트에는 피그Pig, 머하웃Mahout, 스파크, 임팔라, 프레스토Presto, 하이브, 타조가 있다.

워크플로우 관리는 우지Oozie, 에어플로우Airflow, 아즈카반Azkaban, 나이파이Niagarafiles, Nifi 등이 맡아 복잡한 데이터의 흐름과 작업의 우선순위를 결정하는 역할을 한다.

데이터를 시각화하는 대표적인 도구는 제플린Zeppelin이다. 제플린은 빅데이터 분석가를 위한 웹 기반의 분석 도구로 분석한 결과를 즉시 표와 그래프로 시각화해서 제공한다. 스파크, 하이브, 타조, 플링크Flink, 엘라스틱 서치, 카산드라, DBMS 등 다양한 분석 플랫폼과도 연동이 가능하다.

아브로Avro, 쓰리프트Thrift는 RPCRemote Procedure Call와 데이터 직렬화를 지원하는 프레임워크이다.

빅데이터의 결과물을 도출하려면 이처럼 다양한 데이터 수집·처리 프로젝트들이 유기적으로 융합하는 과정을 거쳐야 한다.

빅데이터, 21세기의 원유가 되다

데이터는 4차 산업혁명 시대의 핵심 인프라 역할을 하게 될 것이다.

인류는 4차례의 혁명적인 변화를 거쳤다. 가장 먼저 농업혁명으로 농토와 가축, 농기구에 의존하는 농업 경제 시대를 열었다. 이어 영국에서 시작된 산업혁명으로 산업 경제 시대를 열었으며, 이때 석탄, 석유가 핵심자원 역할을 했다. 그 다음 일어난 정보혁명으로 인류는 정보통신기술ICT 시대를 열었다. 인터넷으로 연결된 통신망은 정보혁명의 기폭제가 됐다.

지금 또 다른 변화의 열풍이 인류를 엄습하고 있다. 바로 4차 산업혁명이다. 데이터와 알고리즘, AI가 데이터 경제 시대를 활짝 열어줄 전망이다. 데이터 경제 시대에는 생산의 전통적 3요소였던 '토지·노동·자본' 대신 '인터넷·앱App·데이터'가 핵심 생산요소 역할을 하게 될 것이다.

전 세계는 왜 빅데이터에 주목하고 있을까. 그것은 빅데이터가 국가와 기업이 혁신 성장하기 위한 가장 필수적인 핵심 키워드이기 때문이다.

수많은 디지털 기기가 사물인터넷IoT으로 연결되고 이를 통한 소통이 일상화되면서 데이터는 사용자(소비자)를 분석하고 미래를 예측하는 에너지원으로 자리매김할 것이다. 특히 데이터는 디바이스의 진화,

5G의 상용화, 인공지능 등 다양한 기술과 융합해 4차 산업혁명을 견인하고 전 산업계의 혁신적인 구조 변화를 끌어내는 기폭제 역할을 하게 된다.

4차 산업혁명의 인공지능 기술이 발전하면서 데이터의 양이 폭증하고 각종 IoT·센서 등에서 수집된 대량의 데이터가 산업과 경제 활성화를 견인하게 될 전망이다. 기업·개인·공공 등 각 분야의 다양한 경제 주체들이 실시간으로 수많은 복잡한 데이터를 발생시키는 동시에 데이터를 활용해 혁신을 일으키게 된다.

데이터가 신자본으로 자리잡으면 자연스럽게 모든 산업은 데이터 경제로 패러다임이 바뀔 것이다. 데이터가 모든 국가와 기업의 경쟁력을 결정하는 원천이 될 것이기 때문이다.

이 같은 경제 상황, 즉 데이터가 모든 산업의 발전과 새로운 가치 창출의 촉매 역할을 하는 새로운 경제패권 시대를 '데이터 경제 시대'라고 한다.

흩어진 개별 데이터 자체의 가치는 크지 않지만 빅데이터가 상황적 맥락에 따라 적재적소에 자본으로 투입되거나 알맞은 변환 과정을 거쳐 혁신적인 부가가치를 창출하면서 데이터 기반의 새로운 서비스들은 기존 경제의 가치사슬을 더욱 복잡하고 거대한 생태계로 바꿔놓을 것이다.

데이터 경제에서는 데이터가 민간가 정부 조직의 지원을 효율적으로 배분하는 역할을 하게 된다.

〈월스트리트저널〉은 "데이터가 자동차나 플라스틱 같은 중요 존재로 부각되고 있으며, 향후 사회는 데이터센터를 통해 온갖 종류의 서비스와 연결되는 데이터 경제를 창출할 것이다'라고 내다보고 있다.

한국정보화진흥원은 '데이터 경제'를 '모든 데이터가 활용하기 쉽게 자유롭게 흘러 타 산업 발전의 촉매 역할을 하면서, 혁신적 비즈니스와 서비스를 창출하는 경제'라고 정의내리고 있다.

빅데이터가 기업의 성장을 촉진하는 기폭제로 작용해 새로운 형태의 정치·경제 시스템을 창출하는 역할을 하게 된다고 보는 것이다.

데이터 경제는 직접적으로 데이터를 '수집·생산'→'저장·관리'→'가공·유통'→'분석·활용'하는 과정에서 파생되는 전 산업 분야를 포괄하고 있다. 나아가 데이터를 활용해 기업과 공공 그리고 개인에게 제공하는 부가적인 이익까지도 포함한다.

이런 점에서 빅데이터는 20세기에 핵심 생산요소 역할을 했던 석유·전기·금융자본에 비교되는 21세기의 필수 자본이라 평가할 수 있다.

리서치 기업 가트너는 데이터를 '미래 경쟁력을 좌우하는 21세기의 원유'라고 비유했고, 알리바바의 마윈 회장도 "20년간 화두였던 정보통신기술 시대가 저물고 이제 데이터 기술 시대가 향후 30년간 펼쳐질 것이다"라고 전망했다.

영국의 경제 전문지 〈이코노미스트〉는 지난 2017년 5월 "향후 데이터가 세계에서 가장 영향력 있는 자원이 된다"라고 갈파하기도 했다. 동시에 앞으로 사회는 데이터를 통해 온갖 종류의 서비스를 창출해내는 '데이터 경제'가 될 것이라고 예견했다.

이른바 데이터가 21세기 모든 국가와 기업의 경쟁력을 좌우하는 세계 경제의 '신자본'으로 급부상하고 있는 것이다.

데이터를 가치 있게 활용하기 위해서는 분석 작업이 필수적이다.

사물인터넷을 통해 데이터를 수집하고 이를 클라우드에 저장한 후 저장된 빅데이터를 분석해 의미 있는 패턴이나 규칙을 찾고, 이를 소프트웨어 프로그램으로 구현하는 전 과정이 유기적으로 연결되어 이뤄진다.

예를 들어 스마트공장의 자동화 로봇이나 모듈에 IoT 시스템을 설치하면 특정 작업의 소요 시간, 작업을 수행할 때의 전기 사용량이나 고장 발생 유무, 생산한 제품의 불량 여부 등을 데이터로 축적해준다.

이렇게 축적된 데이터를 분석하면 스마트공장을 최적화하는 아이디어를 얻을 수 있다. 스마트공장의 모든 로봇이 골고루 일을 하게 하거나 고장을 미리 예측하여 정비를 먼저 해놓는 작업은 물론 불량품이 생성되는 이유까지도 밝혀낼 수 있다.

이는 결국 데이터를 활용한 머신러닝machine learning으로 이어진다. 따라서 향후 기업의 경쟁력은 머신러닝을 위해 필요한 데이터를 소유했는지, 그렇지 않은지에 따라 결정될 것이다.

전기자동차를 생산하는 테슬러에서 한 달에 생산하는 자동차 대수는 연간 36만 대에 불과하다. 미국에서 가장 자동차를 많이 생산하는 GM이 한 달에 약 840만 대의 자동차를 생산하고 있다. 생산량만 따졌을 때는 GM이 테슬러보다 23배나 생산성이 높다. 하지만 기업 가치는 테슬라가 미국 1등이다. 상장 7년 만에 100년 넘는 역사를 가진 포드와 GM을 제쳤다. 어떤 이유 때문일까.

제품의 제조 방식과 판매 방식을 바꾼 이유도 있지만, 더 중요한 것은 테슬러가 운전자로부터 운행 관련 정보나 위치 정보를 데이터로 구축하여 이를 판매와 AS 등에 활용하고 있기 때문이다. 즉 테슬라는 데이터를 기반으로 운전자에게 가장 최적화된 운전 서비스를 제안하여 최상의 만족도를 제공하는 강점을 지니고 있다.

'머신러닝'은 이제 '딥러닝Deep Learning' 기술로 진화하고 있다. 딥러닝은 많은 양의 데이터와 컴퓨팅 자원을 바탕으로 컴퓨터가 사전 정보 없이 스스로 특징을 추출하고 학습하는 기술을 말한다.

이러한 딥러닝이 고도화되면 컴퓨터가 마치 사람처럼 배우고 생각하며 작동하게 된다.

미국 '엠디앤더슨MD Anderson 암센터'는 IBM의 슈퍼컴퓨터 '왓슨Watson'의 도움으로 백혈병 환자에 대한 정확한 치료법을 찾아내고 있다. 400여 명의 백혈병 환자 사례를 왓슨에게 교육시킨 뒤 치료 방침을 평가한 결과 82.6%의 정확도로 치료법을 제시해줬다. 왓슨이 전문 의료인의 역할을 대신해주고 있는 것이다.

독일의 '티센크루프Thyssenkrupp'는 마이크로소프트의 '애저Azure'를 엘리베이터 점검에 활용하고 있다. 전 세계 건물에 설치된 자사 엘리베이터의 속도·온도·출입문 작동 기록 등을 자체적으로 분석해 사고가 발생하기 전에 미리 점검시점을 알려주고, 로프에 센서를 장착해 고장 가능성이 탐지되면 자동으로 관리자에게 통보함으로써 고장을 줄이는 것이다.

'머신러닝'은 컴퓨터 비서처럼 사람의 역할도 대신하고 있다.

호주뉴질랜드은행ANZ 등에서는 각종 리서치 자료와 고객 투자 성향을 분석해 자산관리를 도와주기도 한다.

머지않아 풍부한 데이터를 가진 컴퓨터가 X선·MRI 등 각종 임상 정보를 분석해 의사보다 더 정확한 진단을 해주는 시대가 열리게 될 전망이다. 데이터만 입력하면 컴퓨터가 논문을 써주는 시대도 올 것이다. '머신러닝'이 바꿔놓을 미래에 대한 준비가 시급하다.

이제 인공지능이 가져올 '미래의 직업 혁명'에 대비해야 한다. 인간보다 똑똑한 로봇들이 사람을 대신하면서 인간의 일자리를 위협하는 일이 상시로 벌어질 것이다. 인공지능의 패배자가 되지 않도록 국가와 기업, 개인 차원의 대비가 필요하다.

곧 등장할 무인자동차는 '운전기사' 없는 세상을 만들어 자가용 기사, 택시 기사, 버스 기사, 교통경찰, 대리 운전자 등을 사라지게 만든다.

드론이 상용화되면 택배 서비스, 음식·우편배달, 소방관, 경비원 등은 할 일이 없어진다. 3D 프린터는 누구나 필요한 물건을 만들어 사용할 수 있게 해준다. 따라서 제조업 종사자, 배송 담당자 등 상당수가 일자리를 잃게 된다. 그 대신 로봇이 절대 할 수 없는 일, 로봇의 부작용으로 발생하는 사고를 처리하는 일 등이 새로운 직업군으로 각광받게 될 것이다. 인간적인 감성이 필요한 서비스직이 대표적이다.

IBM은 오는 2025년 인공지능 산업이 2,000조 원에 이르는 시장을 창출할 것으로 내다보고 있다. 맥킨지는 이로 인해 7,000조 원(약 6조 7,000억 달러)에 이르는 파급 효과가 있을 것으로 전망한다.

유엔미래보고서는 30년 안에 인공지능이 인간의 지능을 뛰어넘을 것이라는 전망을 내놓고 있다. 인간의 지능을 뛰어넘는 인공지능이 탄생하려면 인간의 학습량을 뛰어넘는 빅데이터의 축적이 시급하다.

5G, 데이터 혁명을 가속화하다

5G 시대에는 무엇이 달라질까? 꿈의 '속도 혁명'이 일어난다.

5G는 1초에 20기가비트(20Gbps)의 데이터를 전송할 수 있어 평균 75Mbps인 4G보다 약 270배 빠르다. 현재 국내 GiGa LTE가 제공하는 최대 1Gbps보다 20배 빠른 속도다.

5G 환경에서는 IP어드레스나 앱을 터치해서 다음 명령을 처리할 때까지 걸리는 레이턴시latency(앱을 클릭할 때 요청받은 새 데이터가 열리는 데 걸리는 시간)가 4G의 10분의 1로 단축된다. 최대 1밀리세컨드(0.001초, 1,000분의 1초)만에 화면이 열리기 때문에 화면을 터치하는 즉시 다음 화면이 열리는 것처럼 느낄 수 있어 응답시간이 '0'에 가까워진다. 이는 사용자의 단말기와 기지국 사이를 오가는 데 걸리는 시간이 아주 짧아지기 때문에 가능한 일이다.

이 때문에 5G의 상용화는 데이터를 쌓고 유통하는 속도의 패러다임을 바꿔 데이터 혁명을 가속화하는 기폭제가 될 전망이다. 800Mb의 영화 한 편을 다운받을 경우 3G는 7분 24초, 4G인 LTE는 1분 30초 정도가 걸리지만, 5G는 1초 만에 다운받을 수 있다. 따라서 고용량·고화질 데이터를 실제처럼 구현할 수 있게 된다. 스마트폰으로 가상현실 VR과 증강현실AR을 허공에 띄워놓고 대화할 수도 있다.

예를 들어, 암에 걸린 환자의 위를 수술실 위 허공에 고화질 화면으로 띄워놓고 초고화질 화면의 장기를 360도로 돌려보면서 여러 의사와 함께 치료 방법을 고민할 수 있다. 나아가 서울과 부산에 떨어져 있는 의사가 원격으로 같은 영상을 보면서 협력 진료할 수도 있다. 서울에 있는 의사가 제주도에 있는 촌각을 다투는 환자를 원격으로 진료할 수도 있다. 초고화질 영상을 보면서 로봇을 조종하면, 로봇이 시차 없이 수술을 진행하는 식이다.

고장난 자동차를 고칠 때도 마찬가지다. 자동차 내부 화면을 허공에 띄워놓고 어떤 부분이 마모가 심한지, 고장 증상은 무엇인지, 360도 카메라로 촬영만 하면 쉽게 문제점을 찾아낼 수 있다. 가상현실과 증강현실을 통해 태양과 지구, 달의 실제 움직임도 눈앞에서 관찰할 수 있게 될 것이다.

전 세계, 데이터 패권 경쟁에 뛰어들다

전 세계가 데이터를 국가의 미래 핵심자원으로 보고 '데이터 패권 경쟁'에 뛰어들고 있다. 미국과 중국, 유럽연합(EU), 일본 등 주요 국가는 데이터 주도 경제로 전환하기 위한 전략을 수립해 데이터 패권을 차지할 새로운 경쟁을 벌이고 있다. 이들 국가에서는 데이터 경제를 선도하기 위해 범국가 차원에서 데이터 확보와 활용, 데이터 분석 인재 양성, 안전한 데이터 활용 등을 위한 법과 제도 정비를 추진 중이다.

기업들도 고객 데이터를 제품과 서비스의 질적 향상과 타깃 마케팅을 위한 용도로 활용하기 시작했다.

빅데이터의 활용성 자체는 향후 산업 생태계의 전체적인 구조 조정을 촉발시키는 핵심요인이 될 전망이다. 데이터 활용 정도에 따라 기업의 경쟁력 자체가 달라지기 때문이다.

아마존Amazon은 이미 고객 데이터를 활용해 서비스를 강화하며 기존 유통업계의 강자였던 월마트Walmart를 추월했다. 숙박업 후발주자 에이비앤비는 호텔 건물 하나 없이 100년 전통의 호텔체인 그룹 힐튼을 넘어섰다. 또한 우버Uber는 이미 자동차 제조회사 현대자동차나 글로벌 렌터카 허츠Hertz의 기업 가치를 뛰어넘었다.

공유경제의 선구자로 손꼽히는 우버와 에어비앤비의 성공 뒤에는 디지털 기술을 앞세워 데이터를 쌓고 활용하는 플랫폼이 자리잡고 있다. 이 플랫폼은 수많은 이용자들을 연결시킨 모바일과 IoT 환경을 토대로 고객의 데이터를 모으고, 이를 바탕으로 AI를 학습시켜 기존 사업자들보다 높은 수준의 서비스를 제공하기 때문에 전통 기업이 도저히 이길 수 없다.

데이터 전문가들도 급부상하고 있다. 이들은 데이터를 실시간으로 수집·저장하는 단계를 넘어 데이터를 분석하여 가치 있는 정보를 추출해내는 핵심적인 역할을 맡게 된다.

빅데이터 전문가들은 크게 △데이터 분석·기획, △데이터 수집, △데이터 분석, △시각화 및 보고서 작성 등으로 구분된다.

첫째, 데이터 분석·기획 단계에서는 고객이 빅데이터를 통해 얻고자 하는 정보가 무엇이고 어디에 활용할 것인지를 협의하여 구체화된 빅데이터 분석 내용을 목록화한다.

둘째, 데이터 수집 단계에서는 고객이 보유한 데이터와 좀 더 심층적인 분석을 위해 다른 개인, 기업, 공공기관 등이 보유한 데이터를 수집하기 위해 협의한다.

셋째, 분석 단계에서는 통계 혹은 전산 프로그램, 자체 개발된 검색엔진 등을 활용하여 목록화된 분석 내용에 따라 데이터를 분석한다.

넷째, 빅데이터에 대한 분석이 완료되면, 도출된 결과를 고객이 쉽게 이해할 수 있도록 시각화하여 보고서를 작성한다. 이외에도 빅데이터를 활용하여 유용한 정보를 상시적으로 얻을 수 있는 시스템을 구축하기 위하여 데이터 엔지니어와 상의한다.

전 산업 영역, 빅데이터 도입이 필수다

빅데이터를 축적하고 활용하는 일은 특정 산업 분야에서만 필요한 것이 아니다. 빅데이터는 전체적인 사회적 이슈와 트렌드를 살펴볼 수 있는 능력을 제공하기 때문이다. 따라서 어떤 산업을 막론하고 데이터를 쌓고 이를 활용할 데이터 전문가를 고용해야 한다.

스마트공장이 있는 제조업, ICT 회사(SI업체, 포털사이트, SNS 업체, 통신사 등), 의료기관, 은행/증권/보험 회사, 게임 회사, 공공기관, 빅데이터 선문 분석업체 등 선 산업계에 걸쳐 빅데이터를 도입하지 않으면 생존이 위태로워질 수 있다.

모든 것들이 상호 연결되고 정보화 기기의 사용 빈도가 증가하면서 사람들이 도처에 남긴 디지털 흔적이 SNS, 쇼핑, 의료, 은행과 증권 거래, 교육과 학습, 여가 활동, 자료 검색과 이메일 등의 분야에서 데이터로 저장되고 있다. 기업들은 이들 데이터로부터 의미 있는 예측과 결론을 도출하여 조직을 효율적으로 운영하거나 사회 현상을 이해해 경쟁력을 높여야 한다..

데이터 '만능 시대'의 도래

미국 데이터 시장 86조… 한국 4% 수준

글로벌 시장 분석기관 IDC에 따르면 세계 데이터 시장의 규모는 2017년 1,508억 달러에서 2020년 2,100억 달러로 급성장할 전망이다. 연평균 성장률이 무려 11.9%에 달한다.

연결기기는 매년 2배 가량 상승하고 있고, 컴퓨팅 성능은 18개월마다 2배씩 진화하는 추세이다.

또한 IDC는 2025년에는 데이터의 약 25% 이상이 실시간으로 생성되는데, 그중 95%가 사물인터넷 관련 데이터가 될 것이라고 밝히고 있다. 이러한 내용을 뒷받침하듯, 전 세계 데이터의 90%는 최근 수년 사이에 생산된 것이며, 향후 사물인터넷의 확산으로 데이터 생산속도가 더욱 빨라질 것으로 예측된다.

2017년 기준 미국의 데이터 경제 규모는 788억 달러(약 86조 원)로 세계 전체 시장의 52.3%를 차지한다. 서유럽은 341억 달러로 22.6% 비중이다. 반면 우리나라는 6조 2,973억 원(56억 6,000억 달러) 수준으로 세계 시장의 고작 3.8%에 머물러 있다.

2018년 스위스 국제경영개발대학원IMD이 조사한 바에 따르면 우리나라의 빅데이터 활용과 분석 수준은 조사대상 63개국 가운데 56위로 꼴찌를 겨우 면한 상황이었다.

경제학자들에 따르면 데이터를 활용해 업계의 효율성을 1% 개선할 경우, 보수적으로 판단하더라도 2030년 전세계 GDP가 약 15조 달러 규모로 증가할 것으로 전망하고 있다. 데이터만 잘 활용하면 국가와 기업의 혁신 성장을 폭발적으로 일어나게 할 수 있다는 주장이다.

데이터 산업 규모 비교

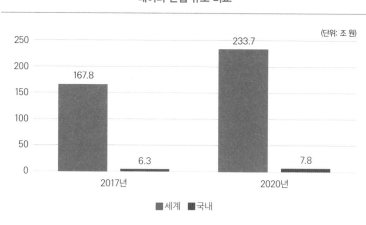

출처: 과학기술정보통신부

이런 주장을 뒷받침하듯 〈이코노미스트〉는 "데이터는 자본이나 노동력과 거의 동등한 레벨의 경제적 자본으로 비즈니스의 새로운 원자재 역할을 한다"라고 보고 있다. MIT는 "빅데이터 분석을 잘 활용하는 조직일수록 차별적인 경제력을 갖게 되고 높은 성과를 창출하게 된다"는 입장이다. PwC는 "빅데이터의 적극적인 활용이 새로운 비즈니스 가치 창출의 핵심 키가 될 것이다"라고 내다보고 있다. 그만큼 데이터가 미래 경쟁력의 핵심 원천이 된다는 뜻이다.

〈월스트리트저널〉의 조사에 따르면 실제로 데이터·SW를 포함한 무형자산에서 나온 S&P500 기업의 시장가치 비율은 84%이고, 미국 내 데이터 무형자산의 예상 가치는 8조 달러 규모로 추정하고 있다.

데이터를 잘 생산해서 축적하고 활용하는 것이 미래 기업의 가치와 경쟁력을 평가하는 중요 지표는 물론, 경쟁력의 핵심이 되고 있다.

빅데이터, 기업의 우열을 결정한다

최근 급부상한 혁신기업의 특징은 무엇일까. 이들 대부분이 데이터 기업이라는 공통점이 있다.

양질의 데이터를 확보하면 이를 정보, 지식, 상품, 서비스로 전환하여 더욱 편리하고 효과적인 의사결정을 지원할 수 있다. 특히 하나의 데이터를 각 산업군에서 다양한 목적으로 활용할 수 있다. 나아가 실물 자본과는 다르게 비경쟁적인 요소라는 특성 때문에 무한한 재이용이 가능하다.

이 같은 특성을 고려해 MIT는 데이터 자본의 특성을 세 가지로 규정하고 있다.

우선 실물자본은 경쟁성(하나의 화폐나 장비는 한 곳에서만 이용이 가능)이 가장 큰 특징이지만, 데이터는 하나의 데이터를 여러 서비스에서 동시다발적으로 사용할 수 있는 비경쟁성이 핵심적인 특성이다.

두 번째로 실물자본은 재화의 가치를 계량적으로 즉시 파악할 수 있는 물리적 재화이지만, 데이터는 각 데이터의 서로 다른 내용으로 인해 대체 불가한 비대칭성을 특징으로 하고 있다. 특히 데이터 가치의 사후 측정이 가능한 경험적 재화라는 특징이 있다.

이제는 전통적인 대기업이 아닌 새로운 경쟁의 원천인 대규모 데이터를 확보하고 SW를 활용하는 데이터 기업이 전 세계 시장을 주도하고 있다. 미래에는 이 같은 현상이 더욱 가속화할 전망이다.

MIT는 "구글, 애플, 아마존뿐만 아니라 에어비앤비, 페이스북, 넷플릭스, 테슬라 등 혁신기업들은 한결같이 데이터 자본에 집중 투자해 산업 구도를 변혁시키고 경쟁우위를 확보했다"라고 평가했다.

실제 현재 시가총액 기준 세계 시장 상위 5개 기업은 데이터 기업인 아마존, 마이크로소프트, 애플, 구글, 페이스북이 차지하고 있다.

시가총액 기준 글로벌 5대 기업은 전통 기업인 석유, 제조, 하드웨어 기업에서 모두 ICT기업으로 바뀌었고 미국 IT업계를 이끌고 있는 GAFAGoogle, Apple, Facebook, Amazon는 2015년 프랑스 주요 40대 기업 CAC40의 시가총액을 추월했다. 2017년 GAFA의 시가총액은 2,594조 원으로 같은 시기 KOSPI 시가 총액(1,543조 원)의 2배에 달한다.

에어비앤비는 191개국 420만 개 이상의 숙박 정보와 고객 데이터를 확보해 서비스를 제공하고 있다. GE는 제트엔진의 데이터를 수집해 사전에 장애를 예측하고 최적의 비행 항로를 제시해 연착횟수를 20%나 감소시켰다.

데이터 기업으로 변신하지 않으면 미래가 없다. 따라서 모든 기업은 데이터 기업으로 전환을 서둘러야 한다.

세계 1등 제조업의 상징이었던 GE는 설비 데이터를 수집·분석해 적용하는 데이터 기업으로 완전히 기업의 본질을 바꿨다. 전자상거래 기업 알리바바는 데이터 기반 신 서비스를 제공하는 기업으로, 차량 공유 서비스를 제공하는 우버는 차량과 승객의 데이터를 수집· 활용해 전략적 의사결정을 내리는 데이터 기업으로 변신했다. 구글은 글로벌 검색엔진 점유율 88.2%의 막강한 영향력을 앞세워 전 세계에서 수집되는 막대한 검색 데이터를 기반으로 '황금알'을 낳고 있다. 애플은 아이폰과 아이패드를 가진 전 세계 사용자 데이터를 클라우드 환경으로 구축해 연속적인 앱 서비스를 제공함으로써 글로벌 스마트폰 시장 영업이익의 86% 가량을 독식하고 있다. 페이스북은 사용자 약 22억 7,000만 명이 쏟아내는 데이터를 수집·분석해 사람들을 연결하는 방식으로 신 서비스를 제공해 막대한 '부'를 거머쥐고 있다. 아마존은 소비자 데이터를 수집·분석해 맞춤형 상품을 추천하는 롱테일 비즈니스 전략으로 미국 이커머스 시장의 49.1%를 장악하고 있다. IBM은 3억 명에 달하는 환자 데이터를 확보해 질병 예측 프로그램을 개발 중이고, 구글 딥마인드는 환자 100만 명의 안구검사 기록을 확보해 안구질환 예측과 진단 방법을 고민 중이다. 에어비앤비는 8년간 축적한 데이터를 토대로 최상의 고객 서비스를 제공하고 있다. 알리페이는 5억 명의 스마트폰 결제 정보를 초당 2,000건씩 축적해 최상의 제품을 추천하는 물류, 배송 정보시스템을 완성했다.

데이터, 국가의 미래를 결정한다

IDC에 따르면 2020년 이후 유럽의 데이터 경제에 따른 성장이 가속화될 경우(고성장 시나리오 기준), EU 28개국의 2025년 데이터 경제 영향력은 GDP의 6%에 해당하는 1조 유로를 넘어설 것으로 예측하고 있다. 기본 시나리오 기준으로도 EU 28개국의 2025년 데이터 경제 규모는 약 6,692억 유로 수준으로 GDP의 4.2%를 넘을 것으로 보인다.

2020년 이후 EU 28개국의 데이터 시장 연평균 성장률은 13.6%라는 매우 빠른 성장세로 1,464억 유로를 넘어설 것으로 예측된다.

과학기술정보통신부와 한국데이터진흥원에서는 우리나라도 데이터의 가치가 갈수록 높아져 2022년까지 연평균 5.3%의 성장률을 기록해 시장 규모가 18조 원대에 달할 것으로 전망하고 있다.

주요 선진국들은 앞다퉈 데이터 활용에 앞장서고 있다. 선진국은 빅데이터를 국가 경제의 지속성장과 일자리 창출을 위한 핵심요소로 보고 있다. 빅데이터 접목을 통해 주력산업의 재도약과 혁신 성장을 도모하고 있는 것이다.

독일은 '인더스트리 4.0' 정책을 펼치며 4차 산업혁명 기술로 제조 산업을 데이터 산업으로 전환시키고 있다. 일본은 다양한 데이터를 토대로 로봇 제조 산업을 집중 육성 중이다. 미국은 ICT와 빅데이터를 결합하는 데이터 법률을 정비해 페이스북, 아마존, 넷플릭스, 구글 등 거대 데이터 기업을 탄생시켰다. 이스라엘은 핵 탑재가 가능한 대륙간탄도미사일, 대공방어시스템, 무인항공기 및 항공전자장비 등의 운영 데이터를 축적해 항공우주산업을 세계적으로 키워냈다.

데이터 산업이 성장한 배경에는 국가가 앞장서서 마련한 데이터 활용 법안이 있다. 기업들이 마음껏 데이터를 수집, 활용할 수 있도록 국가가 데이터 경제 시대에 부응하는 데이터 산업 육성 정책을 수립했기 때문이다.

대한민국도 데이터를 미래 국가와 기업 경쟁력을 좌우하는 핵심자원으로 인식해 데이터 산업 활성화를 위한 전략을 수립하고 국가 차원의 투자 전략을 수립해야 한다.

주요 국가는 데이터 산업을 미래의 전략산업으로 설정하며 데이터 패권 경쟁을 시작했다.

미국은 2016년 5월 '빅데이터 R&D 전략The Federal BIG DATA R&D Strategic Plan'을 발표했다. 미국 정부의 범부처 ICT R&D 프로그램인 NITRDNetworking and Information Technology Research and Development에는 미국 정부의 향후 빅데이터 R&D 7대 전략과 18개 세부과제가 담겨 있다. △미래 빅데이터 특성을 반영한 기술 개발, △빅데이터 기반 의사결정을 위한 R&D 지원, △빅데이터 혁신을 가능하게 하는 사이버 인프라 구축, △데이터 공유 및 관리를 촉진하는 정책 수립, △개인정보 보호, 보안 및 빅데이터 수집·공유·활용, △ 국가의 빅데이터 교육 및 훈련 환경 개선, 폭 넓은 인력의 확충, △ 정부기관, 대학, 기업, 비영리 단체와의 협력에 의한 빅데이터 혁신 생태계 구축 등을 핵심 과제로 제시하고 있다.

EU는 2017년 '데이터 경제 육성 전략'을 발표했다. 유럽 내 통합 디지털 플랫폼을 구축해 데이터의 접근·분석·활용이 용이하도록 하면서, 이를 통해 새로운 데이터 비즈니스를 창출해내고 있다. 또한 개인정보 보호규정GDPR을 마련해 개인정보 보호를 강화하는 동시에 합법적인 데이터 유통을 동시에 추구하고 있다. EU는 데이터가 생산성productivity 향상, 일자리jobs 창출, 혁신innovation의 새로운 동력driver이 될 것으로 보고 있다.

중국도 2016년 '빅데이터 산업 발전계획'을 시행했다. 10개 이상의 글로벌 빅데이터 선도 기업을 만들고 500개 이상의 응용서비스 기업을 육성하는 것이 목표다. 중국은 빅데이터가 중국 인구와 경제 규모를 활용한 전 산업 분야에 발전 기회를 제공할 것이라 여긴다. 데이터 개발 확대와 플랫폼 기술 지원을 비롯해 빅데이터 전문 인재 공급에 주력하고 있다.

일본은 2014년 '데이터 중심 사회 실현' 전략에 이어 '미래투자전략 2017'이라는 데이터 산업 육성 계획을 내놓았다. 시민의 삶의 질 향상을 위해 AI를 활용하는 초스마트사회Society 5.0 구현을 목표로 설정한 일본은 '4차 산업혁명'을 '데이터의 순환data cycle'으로 바라보고 있다. 사물인터넷으로 데이터를 수집, 전송하여 인공지능이 빅데이터를 분석하고, 산업용 로봇을 통해 이를 현실세계에 적용시키는 '데이터의 순환' 속에서 새로운 가치가 창출된다는 시각이다. '사회 1.0'은 수렵·채집 사회, '사회 2.0'은 농업 사회, '사회 3.0'은 산업 사회, '사회 4.0'은 정보화 사회였지만, '사회 5.0'은 데이터를 기반으로 더 좋은 삶을 위한 솔루션을 찾아내는 데이터 사회라는 주장이다.

일본은 특히 자국이 현실 데이터real data에 강점이 있다는 것에 주목했다. 구글, 아마존, 페이스북, 애플 같은 미국의 주요 IT 대기업들이 스마트폰, 사회 관계망서비스에서 생성되는 가상 데이터virtual data 측면에서 비교우위에 있지만, 일본은 자동차 운송 시스템, 의료, 제조공장 운영 같은 현실세계의 활동에서 얻어지는 현실 데이터를 풍부하게 확보하고 있다. 일본은 이 같은 장점을 앞세워 현실 데이터가 순환할 수 있도록, '현실 데이터 플랫폼' 구축을 목표로 수립했다. 이를 통해 저출산, 고령화, 생산성 저하, 지역경제 침체 등 일본이 당면한 문제를 해결하고, 경제 성장을 도모할 계획이다. 동시에 운송수단, 스마트 제조업, 헬스케어, 스마트시티 등 글로벌 이슈 해결에도 선제적으로 나설 방침이다. 이처럼 다양한 사회문제를 가장 먼저 경험한 자국의 약점을 강점으로 전환하겠다는 전략을 세우고 있다.

데이터, 지금까지의
혁신을 뛰어넘다

데이터, 질병과 맞서다

2015년, 우리나라에 충격적인 질병이 발생했다. 이른바 메르스라고 불리던 급성 호흡기 질환은 감염자 186명, 사망자 38명의 희생자를 발생시키며 급속도로 퍼져 나갔다. 좀처럼 질병의 확산을 막을 방법이 없어 혼돈의 상태로 빠져들던 그때, 빅데이터가 메르스 확산을 막는 데 결정적 기여를 했다.

질병관리본부는 메르스가 중동 지역의 낙타에서 비롯된 질병이란 사실을 토대로 해외 로밍 데이터를 분석해 중동 지역을 경유해 한국에 입국한 사람들의 휴대폰 통화기록을 찾아냈다.

인천공항으로 귀국한 뒤 병원에 간 사람, 호흡기 치료를 받은 사람,

감기 증세를 보인 사람 등 유사 증세를 보인 사람들의 통화기록 데이터가 소중한 정보를 제공해줬다.

평택성모병원에서 간병을 하다 메르스에 감염된 13번 환자는 간병 후 고속버스를 타고 평택에서 서울남부터미널로 올라왔다. 통신 데이터를 분석해 오전 10시 평택버스터미널 근처 통신 기지국에 잡힌 휴대폰 번호와 1시간 뒤 남부터미널 근처 기지국에 잡힌 휴대폰 번호를 추적한 결과 13번 환자와 함께 버스를 탔던 사람들을 정확히 추적해낼 수 있었다.

질병관리본부는 이들을 찾아내 격리시키고 치료함으로써 한국을 메르스 공포에서 벗어나게 할 수 있었다. 결국 통신 데이터로 대표되는 빅데이터가 메르스 확산을 막는 효자 역할을 했던 것이다.

환자가 만들어낸 데이터는 환자 치료와 향후 합병증 예방을 막는 소중한 정보를 제공해준다. 한국과학기술정보연구원KIST과 미국 UCSFUniversity of California, San Francisco는 초고성능 컴퓨터와 빅데이터 분석 기술을 활용해 입원 환자의 1~2년 이내 재입원과 합병증 패턴을 모델링하는 데 성공했다. 1,000만 명으로부터 20여 년간 축적한 1,900만 건의 의무기록을 기반으로 발병 가능한 질환 691종을 분석해 각 환자의 1년 주기 재입원과 합병증 패턴이 어떻게 이뤄지는지를 찾아내 재입원과 합병증 가능성을 낮출 수 있도록 했다. 나아가 그동안 알려지지 않았던 실제 조현병Schizophrenia 환자의 횡문근융해증 Rhabdomyolysis 합병증 모델을 입증하는 데도 성공했다.

횡문근융해증은 근섬유 파괴로 인한 영구적인 신부전을 유도하는 희귀 중증질환이다. 그동안 국가별, 생애 주기별, 인종별 재입원과 합병증 패턴의 정량화는 기존 의료진의 경험에 기초한 전통적인 접근법으로는 수십 년의 기간이 소요될 정도로 풀기 힘든 과제였다.

하지만 인공지능과 빅데이터가 결합한 첨단기술은 그동안의 한계를 뛰어넘고 있다. 이제 의료 데이터는 치매, 우울증, 자살 등 정신질환까지 치료할 수 있는 심층 뇌 연구의 길까지 열어주고 있다.

데이터, 산업 생태계를 뒤흔들다

미국 월마트에서는 고객들이 어떤 상품을 함께 구매하는지, 구매자들의 구매정보가 담긴 개인별 영수증 빅데이터를 분석했다. 그 결과 기저귀를 구매한 사람이 동시에 맥주를 함께 구매하는 경향이 높은 것으로 조사됐다. 기저귀 심부름을 나온 아빠가 기저귀만 사지 않고 맥주를 카트에 담아 구매하기 때문에 발생한 현상이었다. 월마트는 이 데이터를 토대로 매장 구조를 바꿨다. 기저귀 근처에 맥주를 함께 진열해 고객의 편의성을 높이면서 동시에 매출까지 향상시킬 수 있었다.

이처럼 빅데이터는 고객의 소비 패턴을 분석해 최적의 타깃 마케팅을 할 수 있도록 도와준다.

무선통신과 모바일 기기의 발달은 쇼핑, 여가, 학습, 창작 등 다양한 인간의 행위와 일상생활을 가상공간으로 확장하며 이동시키고 있다. 이에 소비, 여가 등 개인의 성향과 생활 패턴을 담은 행위, 행태, 특징 등을 분석할 수 있는 데이터가 생산되어 산업적으로 활용되고 있다. 마트, 편의점, 백화점 등 유통업계는 소매Retail와 기술tech이 결합한 리테일테크Retailtech를 활용해 소비자의 특성을 분석하고 있다. 전통적인 오프라인 매장이 데이터를 수집, 분석, 활용할 수 있는 '데이터 점포'로 변신하고 있는 것이다.

인터파크에서 도입한 모바일 쇼핑 전용 챗봇 '톡Talk집사'는 고객들의 쇼핑 이용 패턴을 분석하는 역할을 하고 있다. 온라인 최저가 제공, 정교한 상품 추천, 배송 상태 확인 등의 다양한 기능을 제공해 소비자 편익을 높이고 있다.

롯데백화점, 롯데닷컴, 롯데홈쇼핑에서는 AI 쇼핑 어드바이저 '샬롯'이 소비자가 묻기만 하면 원하는 상품을 찾아주고, 적합한 선물도 추천해준다. 신세계백화점의 챗봇 상담사 'S봇'은 매장 연결, 브랜드 문의, 휴점일, 영업시간 등의 상담 업무를 도와준다. GS샵, CJ오쇼핑, 현대홈쇼핑 역시 챗봇이 소비자의 데이터를 분석해 고객도 몰랐던 구매 패턴, 행동, 선호 정보 등을 제공하고 있다.

빅데이터가 기업들의 광고와 마케팅 방법까지 바꿔 놓고 있다. 전통 미디어인 텔레비전과 라디오, 신문 중심에서 SNS와 모바일 중심으로 광고의 무게중심이 이동하고 있기 때문이다.

AI로 무장한 컴퓨터 프로그램은 누가 어떤 연예인 뉴스를 많이 검색 중인지, 어떤 동영상을 집중적으로 보고 있는지, 미세먼지 기사를 누가 읽고 있는지를 실시간으로 알 수 있다. 기업들은 컴퓨터의 자동 알고리즘이 분석해낸 이러한 빅데이터를 보고 가장 적당한 위치에 광고를 노출시킬 수 있다.

최근 이를 활용한 광고기법이 각광을 받고 있다. 바로 특정 제품의 고객층만 골라 광고하는 자동화된 구매Programmatic buying 방식이다. 즉 빅데이터를 활용해 '실시간 입찰RTB, Real-time Bidding' 방식으로 광고 시간대를 구매해 특정 고객층이 즐겨보는 동영상에만 광고를 내보낼 수 있게 되었다.

일본 최대 전자상거래업체인 '라쿠텐'은 8,100만 명에 이르는 온라인 고객의 정보와 구매 목록, 구매 예약 정보 등을 통합한 '슈퍼 데이터베이스'를 구축했다. 온라인 구매에서 나타난 고객 정보를 통해 각 고객의 관심사를 정확하게 파악한 라쿠텐은 여행, 증권, 스포츠와 연계시켜 상품 판매를 유도하고 있다. 예를 들어, 항공권과 숙박권을 구매한 고객에게는 여행에 필요한 렌터카나 용품 정보를 할인권과 함께 제공하는 식이다.

스타벅스는 '마이 스타벅스 리워드My Starbucks Rewards'라는 프로그램을 이용해 고객의 구매 패턴을 분석해 활용한다. 모바일 앱으로 커피 값을 지불하면 무료 음료를 주거나 할인 혜택을 준다. 스타 5개를 모으면 '그린 레벨'로 무료 리필을 받을 수 있고 1년에 스타 30개를 모아 오면 골드 카드를 받을 수 있다. 고객의 소비 패턴을 분석해 탄생한 데이터를 고객의 로열티로 만들어 매출로 연결시키고 있는 것이다.

아마존에서는 책을 구입하면 추가로 구매할 것으로 예상되는 책을 추천해준다. 유사한 책을 구매했던 고객의 경로와 데이터를 분석해 '도서 추천 시스템'이 자동으로 책을 추천해주는 것이다.

넷플릭스도 세계 190여 개국 1억 6,000만 가입자의 시청 형태를 데이터로 분석해 최적의 콘텐츠를 추천해주고 있다.

이 모두가 '빅 데이터' 기법을 이용한 것들이다.

빅데이터, 교통을 바꾸다

교통정보 분석업체 '인릭스INRIX'는 전 세계 38개국 1,300여 개 도시를 대상으로 교통 혼잡 현황을 분석해 최적의 해법을 제공하고 있다. 도로 센서, 사건 신고 등 수백 가지 정보를 실시간으로 수집해 교통 관계자는 물론 운전자에게도 실시간으로 제공한다.

도로 정체로 악명 높았던 미국 애틀랜타의 '노스 애비뉴'는 빅데이터로 이 문제를 해결했다. 애틀랜타 주 정부는 공공사업과 응급 서비스 부문 데이터를, AIG는 보험 청구 데이터를 공유했고, 여기에 인릭스가 보유한 각 도로의 교통 혼잡 데이터와 미국 최대 날씨 정보회사인 웨더컴퍼니의 날씨 데이터를 합쳤다. IBM은 이렇게 모인 빅데이터를 분석해 신호등 위치를 조절했고, 센서 설치가 필요한 장소를 선정해 교통사고 예방 시스템을 구축했다. 이를 통해 애틀랜타는 교통사고 발생 확률이 높아지는 시기를 특정해 사고에 대비할 수 있게 됐다.

이탈리아 밀라노에서도 도로 곳곳에 900여 개의 센서를 부착해 5분에서 15분 간격으로 수집된 정보를 통해 최적의 교통 안내 서비스를 제공하고 있다.

한밤중 1,000만 명의 발이 된 서울 '올빼미 버스'는 어떻게 탄생했을까.

올빼미 버스는 밤 12시부터 새벽 5시까지 운행되는 서울시의 심야 버스 서비스를 말한다. 처음 심야버스 도입을 계획했을 때, 서울시는 버스가 텅텅 비어 다니면 예산 낭비라는 비난을 받지 않을까 걱정했다. 하지만 이는 기우에 불과했다. 빅데이터를 기반으로 심야버스 이용객이 가장 많을 것으로 예상되는 지역 중심으로 노선을 정해 운행했기 때문이다. 그런 노력 덕분에 올빼미 버스는 '가장 우수한 서울시 교통 복지 사례'라는 평가를 받고 있다.

이렇게 이런 일이 가능했을까. 바로 통신 데이터가 결정적인 역할을 했다. 밤 12시 이후 휴대폰으로 대리운전을 호출하거나 콜택시를 부르는 사람들이 많은 지역을 노선으로 연결했던 것이다. 특히 불특정 다수의 시민들이 심야 시간에 어디로 가는지 휴대폰에 나타난 이동 경로를 추적해 시계열로 분석했다. 그러자 단 며칠 만에 완벽한 버스 노선이 그려졌다.

그 결과 심야 시간에 택시를 잡지 못해 발을 동동 구르던 시민들의 불편이 사라졌고, 시 정책에 대한 시민들의 만족도도 높아졌다.

차량 운전자에게 자동차의 안전 유무는 꼭 알고 있어야 할 핵심 사항이다. 하지만 전문가가 차량 내부를 들여다보기 전에는 알 수 있는 방법이 없다.

볼보는 이 같은 문제점을 해결하기 위해 자동차에 수많은 센서를 부착했다. 이 센서는 차량 주행 정보, 차량의 결함 시점, 운전자의 불만을 실시간으로 본사에 알려준다. 볼보는 이를 통해 제품 개발 단계에서 파악하기 힘든 결함을 조기에 찾아낼 수 있었다. 50만 대의 차가 팔린 뒤

알 수 있는 결함을 1,000대만 팔려도 알 수 있게 되었다.

일본의 히타치플랜트테크놀로지는 크레인 곳곳에 센서를 부착했다. 그 결과 크레인의 동작과 무게중심, 오작동 여부, 운전자 상태를 1초 단위로 수집해 위기 상황에 대처할 수 있게 됐다.

데이터, 몰랐던 비밀을 알려준다

미국 월스트리트Wall Street의 금융 기업들은 시가, 고가, 저가, 종가, 거래량 등의 데이터를 분석하여 투자 상품을 추천하는 차원을 넘어 자동으로 주식을 거래하는 알고리즘 트레이딩을 고안해냈다. 이처럼 인공지능의 발달로 경제 성장의 신 동력원으로 데이터의 가치와 잠재성이 더욱 커지고 있다.

중요한 사실은 인공지능 기술의 3대 핵심요소 중 고성능 하드웨어와 알고리즘은 쉽게 확보하고 접근할 수 있지만, 인공지능의 분석 도구인 데이터는 쉽게 확보할 수 없다는 점이다.

따라서 시장 변화를 분석하고 이 같은 변화에 대응할 수 있는 최적의 데이터 확보가 중요한 과제가 떠오르고 있다. 인공지능이 데이터를 활용해 새로운 지식과 정보를 창출하고, 새로운 재화 및 서비스를 개발하는 지혜를 제공해줄 것이기 때문이다.

특히 AI 기술의 상용화가 빨라지면서 많은 기업들이 작은 비용으로 인공지능 서비스를 이용할 수 있게 되면 데이터의 비즈니스 활용도는 더욱 폭발적으로 늘어나게 될 전망이다.

이런 상황에는 데이터 보유 기업과 미보유 기업 간의 경쟁력이 커다란 차이를 보일 것이고 데이터의 유무 자체가 기업의 경쟁력을 좌우하는 핵심 요소로 자리잡을 것이다.

미래에 인기를 끌 만한 히트곡을 낸다면 돈방석에 오르지 않을까.

영국 브리스톨 대학의 티즐 드 비Tijl de Bie 박사팀이 '빅데이터' 기술로 50년간 UK 싱글차트 히트곡을 분석해 히트곡의 23가지 변수들을 뽑아냈다. 이 분석으로 박자, 빠르기, 멜로디 패턴, 곡의 길이, 시끄러운 정도 등 다양한 음악적 특성이 결합해 히트곡을 만들어내는 것으로 밝혀졌다.

한국 가요에 이를 적용한 결과 김건모의 〈잘못된 만남〉, 원더걸스의 〈노바디〉, 소녀시대의 〈지Gee〉의 히트 가능성이 높게 나타났다. 그리고 이 노래들은 실제 빅히트를 친 노래들이었다. 이처럼 빅데이터는 과거과 현재 데이터를 기반으로 미래를 내다보는 혜안을 제공하고 있다.

빅데이터, 개인의 건강을 책임진다

우리는 우리 몸에 대해 얼마나 알고 있을까? '키 174cm, 몸무게 80kg, 혈액형 O형, 가슴둘레 120cm.' 지금까지 우리는 우리 몸에 대해 이 정도의 기본적인 상식만 알고 살아왔다. 하지만 지금 이 단계를 넘어 우리 몸의 상황을 숫자로 표시하는 혁명적인 시대가 시작되고 있다.

빅데이터가 이른바 '수치화된 자아Quantified-Self, QS'의 시대를 열었다. 사람의 행동과 몸 상태, 건강정보를 빅데이터로 바꿔 실시간으로 알려주는 '디지털 헬스' 시대가 도래한 것이다.

"당신은 지난주 평균 6시에 일어나 밤 12시에 잤습니다. 밤에 하루 평균 2.5회 깼습니다. 오늘 하루 혈압은 최저 80에 최대 120이었습니다." "지난주 이틀 동안 운동을 하지 않아 최대 심박수는 계산되지 않고 있습니다." "오늘 하루 약 600mg의 카페인을 섭취했고 담배를 10개비 피워서 니코틴을 0.3mg, 타르를 3.0mg 섭취했습니다. 술을 먹지 않아 알코올 섭취량은 0입니다."

지금 우리 몸에 조그마한 스마트워치나 센서 하나만 착용하거나 들고 다니면 현재 우리 몸의 상태를 데이터화해 실시간으로 '수치화된 자아'를 알려준다. 신체의 건강 상태를 숫자로 표현해주는 'QS'는 자신의 몸 상태를 자각하게 함으로써, 질병을 막고 건강한 삶으로 향하도록 우리를 이끌고 있다.

나이키가 내놓은 퓨얼밴드fuelBand SE나 핏빗 포스Fitbit Force는 손목에 차고 있으면 내가 오늘 얼마나 많은 칼로리를 소비했는지, 1주일 동안 몇 시간을 잤는지, 개인 운동량은 얼마나 되는지를 기록해준다.

캐나다에서는 '에어로AIRO' 팔찌를 차면 혈류를 측정해 섭취한 칼로리와 영양분의 성분을 분석해 식사 메뉴를 조언해주기도 한다. 예를 들어, 점심에 지방 섭취가 많았으니 저녁에는 채식 위주로 식사하라고 조언해준다. 동시에 심박수 측정과 칼로리, 수면 패턴, 알람시계 등의 역할도 한다.

프랑스 의료기기 제조업체 위딩스Withings는 숙면을 도와주는 '오라Aura'를 내놓았다. 베개 밑에 소형 패드를 설치하면 잠을 자는 동안의 호흡 주기, 심장 박동, 신체 움직임 등의 신체 리듬을 데이터로 분석해 기록해준다. 본인이 자는 동안 얼마나 뒤척이면서 자는지, 코를 얼마나 고는지, 호흡은 고르게 하고 있는지 등의 수면 정보를 숫자로 파악할 수 있다.

자신의 침을 유전자 검사 기관인 '23앤미23andme'에 보내기만 하면 1주일 안에 개인의 유전자 프로필에 대한 분석 결과를 받아볼 수도 있다. 암이나 당뇨병에 걸릴 위험이 얼마나 높은지를 알려주기 때문에 개인의 운명을 바꿀 수도 있다. 이 서비스는 99달러만 내면 무려 244가지 개인 건강 정보와 유전적 특성을 분석해준다.

이렇게 놀라운 세상이 열리고 있다. 이 검사 결과는 사람들의 행동 패턴을 바꿔놓을 뿐만 아니라 더 나아가 의료보험에까지 영향을 미치고 있다.

양치질 습관을 알려주는 칫솔 '빔 브러쉬Beam Brush'도 있다. 칫솔모에 센서가 부착돼 있어 이를 닦을 때마다 진동 및 움직임을 감지해 기록한다. 이를 닦은 다음 칫솔 손잡이 부분에 달린 버튼을 누르면 양치 정보가 스마트폰에 설치된 전용 앱과 전담 치과의사에게 자동으로 전송되고, 최소 2분 이상, 매일 2회 이상 닦지 않으면 양치질을 잘못한 것으로 체크된다. 또한 스톱워치가 부착돼 있어 2분 동안 사용자가 지정한 음악이 스마트폰에서 흘러나와 음악이 끝날 때까지 이를 닦도록 설계돼 있다.

의료 앱 '카디오 버디Cardio Buddy'라는 것도 있다. 심장 박동수를 재는 앱으로 스마트폰 카메라 기능을 활용해 얼굴의 색을 스캔해 심박수를 측정한다. 건강 상태에 따라 얼굴의 색깔이 달라지는 현상을 이용한 것으로 페이스북, 트위터 등에 올려 정보를 공유할 수도 있다.

알약처럼 삼키면 청진기가 되는 캡슐도 있다. 캡슐이 몸속에 들어가 인체 곳곳을 돌며 사람의 몸에 대한 각종 정보를 빅데이터로 만들어준다. 이 캡슐에는 마이크가 들어 있어 몸 안에 들어가면 소화기관을 돌며 심장 소리와 호흡 소리 등을 정밀하게 감지한다. 심장 박동과 호흡을 정확히 측정해 부정맥이나 천식을 정확히 진단해낼 수 있다.

'아스마폴리스Asthmapolis'는 윗부분에 GPS 송수신기가 달려 있어 천식이 일어난 날짜와 위치에 관한 정보를 제공해준다. 어느 시간대에, 어떤 환경에서 천식이 유발되는지에 대한 정보를 파악할 수 있다.

이처럼 기술의 진화를 이용해 아이디어가 번득이는 상품들이 쏟아지고 있다. 이제는 누구든, 미래 소비자가 원하는 제품으로 승부하면 대박을 터트릴 수 있다. 이제 누구나 과거와 현재가 아닌 미래와 경쟁해야 한다.

데이터, 안전을 혁신하다

24에이트24eight는 '스마트 슬리퍼'를 개발했다. 혼자 사는 노인의 안전을 걱정하는 가족들을 겨냥한 것으로 슬리퍼에 부착된 센서가 이를 신은 사람의 걸음걸이를 실시간으로 측정해 빅데이터를 쌓아 관리한다. 노인이 지그재그로 걷거나 넘어지는 등 비정상적인 움직임이 감지되면 슬리퍼의 무선 송신장치가 가족이나 의사의 스마트폰에 이상 알

림을 보낸다. 빅데이터가 노인의 이상 증상까지 파악해 알려주는 것이
다. 전용 앱을 설치하면 슬리퍼 착용자의 동선도 실시간으로 관찰할 수
있다. 이 같은 기능은 노인들의 낙상사고를 막아주고 응급 진료비를 줄
여주는 데 큰 도움을 주고 있다.

미국의 코벤티스Corventis는 2010년 심장 박동 모니터링 기계 '픽스
PiiX'를 개발해 돌연사를 예방하고 있다. 1회용 밴드 모양의 반창고를 환
자의 가슴에 붙이면 심장 운동을 감시해 심장 박동에 이상이 생기면
의료진이 즉시 조치할 수 있도록 정보를 전달한다.

'픽스'라는 기계와 '스마트 슬리퍼'는 지금까지 의료기기와 신발이
제공하지 못했던 색다른 경험을 사용자에게 제공하고 있다. IT 리서치
기업 가트너는 이 같은 '경계 없는 사용자 경험Ambient User Experience'이
더욱 확대될 것으로 전망하고 있다.

미국 뉴욕시는 매년 폭우가 내릴 때마다 하수가 범람하는 사고가 발
생한다. 일시성 범람이기 때문에 하수 방출량을 줄이는 식으로 대처하
면 된다. 뉴욕시는 이 사고를 막기 위해 대규모 토목공사를 하는 대신
하수도에 센서를 설치해 빅데이터를 만드는 결정을 했다. 하수도 센서
로 하수의 범람 수위를 실시간으로 체크하도록 한 것이다. 혹시 하수
관 범람이 예상되면 경고를 발생시켜 시민들이 자발적으로 세탁기나
식기세척기 사용을 자제하도록 함으로써 하수 범람을 예방하고 있다.
이른바 '돈트플러시닷미(Dontflush.me: 물을 넘치게 하지 말라)'라는 캠
페인을 통해 하수 범람을 막고 있는 것이다. 우범지대나 하수도처럼 상
시 점검이 필요하거나 물리적 접근이 어려운 지역에는 첨단 정보통신

기술을 적용해 국민 편익을 높이고 있다.

미국의 빅데이터 기업 클릭Qlik은 빅데이터 분석 솔루션 '클릭뷰 QlikView'를 개발했다. 스웨덴 남부 스코네Skane 지역의 경찰들은 클릭뷰를 통해 10년치에 달하는 200만 건의 범죄 자료를 단 3시간 만에 분석해 7년 동안 이민자들을 주로 노려온 살인범을 잡아냈다.

클릭뷰가 없었다면 경찰 한 명이 43년 동안 분석해야 하는 방대한 양의 자료였다. 그렇다면 어떤 과정을 통해 범인을 찾아낼 수 있었을까? 클릭뷰는 범죄를 저지른 시간 전후에 범죄자들의 전화량이 늘어난다는 사실을 토대로 혐의자의 전화량과 통화 패턴 데이터를 집중 분석해 살인범을 특정할 수 있었다. 이처럼 '클릭뷰'라는 프로그램은 빅데이터와 사람의 행동 패턴을 연결하고 있다. 이 같은 연결의 효과는 상상을 뛰어넘는다. 50만 건의 심문 기록을 몇 초 단위로 검색할 수 있게 되면서 사건 수사에 걸리는 시간을 9개월에서 3분으로 단축시켰고, 범죄 예측을 4시간에서 4분으로 줄일 수 있었다.

현대중공업은 빅데이터를 활용한 스마트 선박Smart Ship '오션링크'를 개발했다. 이 선박은 엔진 같은 선박의 기관 상태를 원격 모니터링하고 제어할 수 있어 위험물을 자동으로 탐지해 충돌을 피할 수 있다. 특히 연간 연료 소비량, 항해거리, 운항시간 등의 빅데이터를 활용해 운항의 효율성을 극대화함으로써 경제적 항해를 가능하게 했다. 또 날씨, 파도 등 해상의 상태를 점검해 최저의 항로를 안내하기 때문에 연료비와 운항시간도 효율화할 수 있다.

대우조선해양은 LiNGC 기술을 구현해 선박 내부는 물론 육지에서도 기계 작동 상황, 항해 성능 전반을 효율적으로 관찰할 수 있도록 했다. 삼성중공업은 VPS(선박포털서비스) 시스템을 개발해 육상에서 선박의 운항 상태를 감시하고 선박 내에 있는 자동화 장비를 실시간 모니터링하며, 나아가 선박의 고장 여부까지 진단하고 있다.

4차 산업혁명은 자율주행차는 물론 로봇이 운행하는 자율주행선박을 등장시켜 선박·해운혁명을 일으키고 있다. 무인 선박의 등장은 도선사조차 없는 무인 선박 입출항 시대를 열게 될 것이다.

롤스로이스는 2020년 무인 선박Robotic Cargo Ship을 현장에 투입할 계획이다. 이 선박은 축적된 빅데이터를 활용해 인공지능이 위성통신을 통해 학습한 기상 정보와 항로 정보를 토대로 최적의 항로를 지정해 자율 운항을 가능하게 해준다. 사람은 해상을 항해하는 선박의 실시간 정보를 육지에서 들여다보며 로봇 항해사에게 명령만 전달하면 된다. 이 같은 변화는 순식간에 우리를 엄습하게 될 것이다. 3면이 바다로 둘러싸인 조선 강국인 우리나라는 다가올 선박 혁명과 해운물류 혁명에 대비해야 한다. 10년 뒤 물류 수송은 혁명적으로 달라져 있을 것이다.

데이터, 직업의 미래를 바꾸다

빅데이터가 지금 어떤 변화를 일으키고 있고 먼 미래에는 어떤 세상을 만들게 될까.

빅데이터로 무장한 인공지능은 점차 사람의 역할을 대체하게 될 것이며, 이로 인해 사람의 일자리가 사라지는 '일자리 대실종' 사건이 일어날 것이라 예상된다.

가장 먼저 통·번역시장에 대변혁이 일어나고 있다. 벌써 스페인, 프랑스, 독일은 물론 중동 사람과도 아무런 불편 없이 한국어로 대화할 수 있는 시대가 우리 앞에 다가왔다.

마이크로소프트의 '프로젝트 옥스퍼드'라는 인공지능 기술은 통·번역사 없이도 누구든 자국어로 말하면 되는 '스카이프'를 개발했다. 나는 한국어로 말하지만 프랑스와 독일 사람에게는 불어와 독일어로 들리는 기술이다.

말만 하면 무엇이든지 알려주는 음성인식 기술 '시리(애플)', '코타나(MS)', '에코(아마존)', 누구(SK텔레콤), 클로바(네이버), 기가지니(KT)가 우리의 모든 생활상을 바꿔놓고 있다.

이들 기술은 말만 하면 정보를 찾아주고 전화를 받고 메시지를 보내줄 뿐만 아니라 모든 통번역까지 대신해주는 개개인을 위한 '음성비서' 역할을 하고 있다. 빅데이터를 통해 인공지능이 사람과 대화할 수 있을 정도의 역량을 모두 갖췄기 때문에 가능한 일이다.

그렇다면 실제 의사와 인공지능 의사 중 누가 더 정확히 질병을 진단할 수 있을까?

방사선과 의사가 가장 먼저 일자리를 잃게 될 전망이다. 사람의 판독보다 인공지능이 더 정확한 판단을 내리기 때문이다. 곧이어 내과의사도 퇴출된다. 사람보다 컴퓨터가 더 정확한 진단을 통해 완벽한 처방을 내리기 때문이다.

왜 그럴까? 사람은 피곤하고 지칠 때면 실수를 할 수 있지만 컴퓨터는 사람의 능력을 뛰어넘어 수만 가지 임상 실험 빅데이터 결과를 토대로 환자에게 가장 잘 맞는 처방전을 내려줄 수 있기 때문이다. 실제 미국 앤더슨 암센터에 따르면 인공지능 '왓슨'의 평균 암 진단율은 약 96%로 전문의보다 더 정확하게 암을 찾아내고 있다고 한다.

빅데이터로 무장한 인공지능의 또 다른 응용 분야는 언론과 법조계, 세무·회계 쪽이다.

"두산은 6일 열린 홈경기에서 LG를 5:4, 1점 차로 간신히 꺾으며 안방에서 승리했다. 두산의 선발 투수 니퍼트는…"

로봇이 쓴 이 기사를 놓고 "이 기사는 로봇이나 사람 가운데 과연 누가 썼을까요?"라는 질문을 던졌다. 그런데 놀랍게도 응답자의 46%만이 답을 맞췄다.

언론계는 벌써 '로봇 기자'가 등장해 스포츠, 날씨, 단신 뉴스를 인터넷에 뿌리고 있다. 시카고트리뷴, LA타임즈, 로이터, 포브스 등은 '로봇 저널리즘' 기술을 활용한 뒤로 기자들을 해고하고 있다. '로봇 기자'는 인간과 달리 맞춤법, 어법, 균형감 등에서 완벽한 실력을 갖추고 있다. '인간 기자'는 앞으로 심층 기사, 탐사 보도, 다큐 기사 등 심도 있는 한정된 분야로 내몰리게 될 것이다.

인공지능은 변호사의 자리도 빼앗을 전망이다. 의뢰인이 자신의 사례를 컴퓨터에 입력하면 컴퓨터가 정확하게 대응 논리와 법조문을 찾아줄 수 있기 때문이다. 인공지능은 특히 국내뿐만 아니라 미국, 영국 등 전 세계 법원에서 내린 방대한 양의 빅데이터 판결 사례를 분석해 대응할 수 있게 해준다. 이렇게 되면 변호사의 도움 없이도 'AI 변호사'의 도움을 받아가며 의뢰인 혼자 재판을 받을 수 있게 된다.

세무사와 회계사는 더더욱 할 일이 없어진다. 기업의 거래 정보를 'AI 회계사'에게 입력만 하면 원하는 자료는 무엇이든 만들어서 국세청에 척척 신고해주고 상장사라면 공시 업무까지 예정된 날짜에 자동으로 처리해준다.

인공지능은 주식 시장에서 인간보다 훨씬 더 좋은 수익률을 만들어 낼 수 있다. 기업의 미래가치, 수년간의 재무제표 흐름, 제품에 대한 시장 반응, 향후 수익 창출능력을 정확히 계산해 해당 기업의 미래 주식 가치를 계산하기 때문이다. 이는 직관과 주요 데이터에 의존하는 인간의 투자능력을 훨씬 뛰어넘는 것이다.

실제로 '아이디아Aidyia'에서 인공지능을 활용한 투자 알고리즘을 개발해 2003~2014년 동안의 데이터로 미국 주식 투자에 적용한 결과 연간 29%라는 놀라운 수익률을 달성할 수 있었다. 이 회사는 지난 1월, 모든 주식 거래를 인공지능이 담당하는 펀드를 내놓았다.

미국의 헷지펀드 회사 '리벨리온 리서치Rebellion Reseach'는 인공지능 투자 프로그램을 개발해 미국 주식 시장에서 지난 2007년부터 2015년 사이 무려 135.1%라는 높은 수익률을 올렸다.

인공지능을 금융 투자에 적용하면 고수익을 안겨줄 수 있고, 금융 거래에 적용하면 채무 불이행 가능성도 쉽게 예측할 수 있다. 앞으로 개인은 인공지능이 탑재된 '금융 투자 비서'의 도움을 받아 손쉽게 재테크를 할 수 있게 된다. 중국 최대 포털 바이두는 벌써 인공지능이 적용된 주식 시장 빅데이터 분석용 어플 '주식 마스터Stock Master'를 상용화했다. 자연스럽게 감사, 재무설계사, 애널리스트, 금융 컨설턴트, 경리 등의 직업은 사라지게 될 것이다.

빅데이터는 인간의 창의적인 영역까지 지능화된 로봇을 탄생시키고 있다.

2016년 3월 구글에서 만든 인공지능 로봇 화가 '딥 드림Deep Dream'이 그린 작품 29점이 경매에 붙여졌다. 이 그림들은 점당 2,200~9,000달러에 달하는 비싼 값에 팔렸다. 단 한 번의 전시회와 경매로 딥 드림이 벌어들인 소득은 9만 7,600달러, 우리나라 돈으로 약 1억 1,600만 원이나 된다. 딥 드림은 주어진 이미지를 보고 이를 재해석해 추상화로 결과를 표출하는 추상화가다. 이미지 합성 알고리즘 '인셉셔니즘inceptionism'을 로봇에 입력시켜 사진 정보를 토대로 이미지를 재창조해낸다. 누구나 딥 드림 웹사이트에서 원하는 사진을 업로드하면 딥 드림이 그려준 추상화를 만날 수 있다.

여기에는 인간의 신경망을 이미지화한 후 이를 데이터로 정보화해내는 기술력이 숨어 있다.

마이크로소프트와 렘브란트 미술관, 네덜란드 과학자들은 렘브란트 풍의 그림을 그리는 로봇 화가 '더 넥스트 렘브란트The Next Rembrandt'를 개발했다. 안면인식 기술을 활용해 렘브란트의 작품 346점을 분석해 확보한 데이터를 토대로 렘브란트 특유의 화풍을 3D프린팅을 통해 그대로 재현한다. 렘브란트가 자주 사용한 구도, 색채, 유화의 질감까지 그대로 살려 마치 렘브란트가 그린 그림이라는 착각이 들게 한다.

이 로봇 화가는 딥러닝 기능도 갖고 있어 다양한 그림을 그리면 스스로 데이터를 쌓고 학습해 원하는 형태의 그림을 자유롭게 그릴 수 있다.

영국 예일대 교수 헤럴드 코언은 로봇 화가 '아론Aaron'을 개발했다. 이 로봇 화가는 사람의 도움 없이 스스로 색과 형체를 선택해 캔버스 위에 그림을 그리는 인공지능 프로그램을 갖고 있다. 정교하게 설계된 빅데이터로 무장한 로봇 화가가 사람에 점차 가까워지고 있는 것이다. 단순히 사진을 그대로 복원해내는 기술이 아니라 주입된 사물과 신체 정보를 토대로 색과 모양을 판단해 또 다른 형태의 그림을 그려내는 게 특징이다. 인간의 신체구조에 대한 다양한 정보를 빅데이터로 확보해 색채가 강렬한 그림을 연출해내는 것이다.

로봇 기술자이자 아티스트인 패트릭 트리셋Patrick Tresset은 그림을 그리는 드로잉 로봇 '바울Paul'과 'e-다윗David'을 개발했다. 트리셋은 자신도 화가이지만 로봇 화가를 통해 그림을 구현하는 작품 활동을 하고 있다. 10년에 걸쳐 개발된 이 로봇은 카메라와 로봇 팔을 이용해 그림을 그린다. 바울을 업그레이드해서 만든 e다윗은 다섯 개의 각기 다른 붓을 잡을 수 있어 사람보다 더 섬세한 작업을 할 수 있다. 다섯 개의 로봇 팔은 각 붓을 페인트 용기에 담궈 최대 24개의 색깔을 구현할 수 있다. 로봇 화가들이 그린 그림은 박물관, 갤러리, 아트페어 등에서 비싼 값에 팔려 나가며 돈을 벌고 있다.

잘 설계된 빅데이터가 로봇 회기는 물론 로봇 가수, 로봇 직가, 로봇 연주자, 로봇 작곡가까지 탄생시키고 있다. 그동안 인간 고유의 영역으로 여겨져 온 예술 분야까지 정교하게 설계된 빅데이터 기술이 장악하며 인간 예술가를 위협하고 있다.

놀라운 사실은 인공지능 로봇이 천재 화가 피카소나 렘브란트와 똑같이 그림을 그릴 수 있고 모차르트 뺨치는 음악을 만들어낼 수 있다는 점이다.

더 중요한 것은 로봇이 그린 그림인지, 로봇이 만든 곡인지 사람이 전혀 분간할 수 없고 오히려 사람들은 로봇이 만든 작품을 더 좋아할 수도 있다는 점이다. 인간이 금속과 컴퓨터 칩으로 만들어진 로봇과 경쟁해야 하는 숨 막히는 시대가 우리 곁에 이미 다가와 있다.

데이터·AI,
경제 패러다임을 바꾼다

DT 시대 시작되다

데이터의 가치가 커지면서 세상은 정보기술 시대에서 데이터 기술 DT, Digital Technology 시대로 바뀌었다. 마윈 알리바바 회장은 "세상은 지금 IT 시대에서 DT 시대로 가는 전환점에 서 있다"고 말하기도 했다.

DT란 데이터의 측정, 수집, 축적 기술에서 시작해 데이터의 분석 및 해석 능력, 데이터로부터의 모형화 기술, 데이터로부터의 미래 예측 기술을 다루는 과학적 방법론을 말한다.

IDC에 따르면 DT의 핵심은 BDABig Data Analystics, 즉 빅데이터Big data 고급 분석 솔루션Advanced analytics solution 응용 프로그램Applications 이다.

2007년 스마트폰이 대중화하면서 세상은 인터넷 시대에서 모바일 시대로 급속한 변화를 거쳤다. 지금은 다시 모바일에서 데이터 기술의 시대로 넘어가고 있다.

카카오톡의 창업자 김범수 의장은 "DT 시대의 도래로 앞으로 다가올 10년은 데이터가 부가가치를 낳는 시대"가 될 것이라고 진단한다. 그는 "앞으로 10년은 결국 AI로 정의될 것이다"라며 "물이 어느 시점이 되면 끓어오르는 것처럼 이제 곧 비즈니스에 적용할 수 있는 수준의 데이터 분석 기술과 비즈니스 모델이 쏟아져 나올 것이다"라고 전망했다.

누구나 사용할 수 있는 DT가 머지않아 새로운 패러다임을 열게 된다. 개발하지 않아도 사용할 수 있는 오픈 솔루션이 데이터 활용을 촉발시키기 때문이다. 따라서 어떤 기업이나 조직도 데이터를 쌓아두는 게 중요하다.

데이터 기술은 데이터 수집, 저장·관리, 분석·예측, 활용 등의 단계로 구분할 수 있다. 데이터 수집 기술은 데이터 수집 및 정제, 데이터 융합 및 가공, 데이터 비식별화 및 필터링 기술 등을 말한다. 데이터 저장·관리 기술은 실시간 스트림 처리, 데이터 통합관리, 데이터 맵 등이고, 데이터 분석·예측 기술은 실시간 분석, 데이터 기계학습, 학습기반 예측 등 인텔리전스 기술이 주된 요소 기술이다. 데이터 활용 기술에는 데이터 기반 서비스와 분석 API, 데이터 마켓 기술, 소셜 마이닝, 사회 변화 예측 등의 요소 기술이 포함된다.

빅데이터, 다양한 기술과 결합하다

빅데이터는 AI와 결합해 우리 삶을 바꾸는 혁신을 일으키게 될 것이다. 빅데이트 플랫폼(데이터 거래소)에 데이터를 많이 모아놨다는 것은 저수지에 물을 모아놓은 것과 같다. 이를 '데이터 레이크', '데이터 저장소'라고 한다. 이 중에서도 어떤 물은 사람이 먹는 식수로 보내고, 또 일부는 농사지을 때 쓰기 위해 농업용수로 흘려보내기도 한다. 따라서 모아놓은 데이터를 용도에 맞게 가공하기 위해서는 빅데이터 분석 기법이나 AI의 응용 프로그램이 필요하다.

데이터 레이크에 지능화된 학습 프로그램인 AI를 적용하면 시너지를 낼 수 있다. 바둑 데이터를 학습하면 바둑 전용 AI가 되고, 법전과 판례를 익히면 변호사 AI가 탄생한다.

빅데이터를 접목할 AI는 종류별로 무궁무진하다고 볼 수 있다. 축구나 농구 경기 빅데이터를 AI에게 적용하면 'AI 스포츠 기자'가 된다. AI가 사람보다 더 빨리 기사를 작성할 수 있게 되는 것이다.

이제는 글로벌 IT 기업뿐만 아니라 금융이나 의료, 제조, 법률, 교육 등 산업계 전반에서 AI를 조직에 적용하고 있다. 현재 우리가 일반적으로 알고 있는 챗봇, 스마트홈, 헬스케어, 자율주행 등의 분야를 넘어 업종의 경계 없이 생활 전반에 AI 기술이 적용돼 우리의 삶을 편리하게 바꿔줄 것이리는 전망이 지배적이다.

'빅데이터'는 말 그대로 '큰' 데이터, 즉 방대한 양의 정보를 말한다. 개인들이 스마트폰과 컴퓨터 활용, 제품·서비스 구매 등을 통해 생산하는 SNS 정보, 고객 데이터, 문자, 사진, 영상 자료 등의 정보를 분석해 미래를 예측하는 방법으로 사용하고 있다.

빅데이터는 처음에는 대규모 정보 자체를 의미했지만 지금은 이 정보를 분석하는 기술의 의미로 발전했다. 현재 슈퍼컴퓨터, 인공지능, 사물인터넷 등과 결합해 4차 산업혁명을 일으키는 기폭제 중 하나로 자리잡았다.

지구촌 산업혁명은 증기 에너지를 이용한 기계화, 전기를 이용한 대량생산, 컴퓨터를 활용한 자동화로 진화했다. 이제 지구촌은 다양한 미래 기술을 융합한 4차 산업혁명을 일으키고 있다. 이 혁명의 핵심에 빅데이터와 AI가 자리잡고 있다.

빅데이터는 인공지능, 로봇, 드론, 자율주행차량, 3D프린팅, 양자컴퓨터 등을 작동시키는 핵심 재료 역할을 한다. 빅데이터가 원활하게 공급되면 사물지능 시대, 온·오프라인 간 사람과 사물의 연결, 사이버 세계와 물리적 세계의 결합, 모바일 제어 완전자동화 시대가 열리게 될 것이다.

AR, VR은 빅데이터나 AI 같은 IT 기술로 만든 솔루션을 시각화하는 기술이다.

글로벌 IT 기업들은 물체와 평면을 인식하는 기술을 고도화하고 있고, AR, VR을 통한 반복적인 훈련과 교육을 통해 고객의 사용 패턴을 빅데이터화 하고 있다. 이러한 지능형 AR, VR 애플리케이션은 반복 체험자에게 적용 가능한 가상 환경을 제공한다. 이 같은 특성을 활용해 게임뿐만 아니라 안전 시뮬레이션이나 재해 모의 훈련 같은 비게임 분야에 적용되어 실전과 비슷한 훈련을 할 수 있도록 돕고 있다. 파일럿 역시 시뮬레이션을 통해 최적의 모의 비행 훈련을 하고 있으며, 몰입감도 한층 향상되고 있다.

차량 엔진 교육도 VR을 통해 이뤄지고 있다. 굳이 엔진을 분해하지 않아도 엔진의 작동원리부터 각 부품의 역할과 이름 등을 VR을 통해 화면으로 볼 수 있다. 이렇듯 가상현실은 교육 산업과 결합해 패러다임을 바꾸고 있다.

빅데이터는 이제 슈퍼컴퓨터와 만나고 있다. IBM이 개발한 슈퍼컴퓨터 '왓슨'은 인공지능과 결합해 막대한 양의 정보를 수십 초 만에 분석해낸다. 이를 통해 환자 치료, 보험 가입, 재테크 등에 대한 의사결정을 내릴 때 최적의 판단을 할 수 있도록 도와준다.

IBM은 이제 애플, 존슨앤존슨, 메디트로닉스 등 세계적인 IT 회사, 의료기업 등과 손잡고 '개인화된 슈퍼 의사'를 만들고 있다. 과거 수많은 환자의 데이터를 토대로 환자 개개인의 이상 징후만 보고 어떤 병에 걸릴 가능성이 있는지, 어떤 예방법과 치료법이 필요한지를 '슈퍼 의사'가 자세히 알려준다. 의사의 진찰 영역을 컴퓨터가 대신하는 시대가 열린 것이다.

미국의 온라인 결제 회사 페이팔의 슈퍼컴퓨터는 수억 건의 카드결제 유형을 분석해 실시간으로 '사기 거래'를 적발해내기도 한다.

기계가 사람처럼 학습하는 '지능화된 도구'가 되면서 인공지능이 인간을 위협하고 있다. 인공지능은 크게 강 인공지능Strong AI과 약 인공지능Weak AI으로 구분할 수 있다. 인공적으로 만든 지능과 인간과의 유사도에 따라 구분되는 표현이다.

강한 인공지능은 겉모습만 사람처럼 행동하는 것이 아니라, 속까지 사람처럼 행동하는 지능형을 말하며 아직 현실적으로 구현하는 것이 불가능한 상황이다. 기본적으로 지능이 어떻게 동작하는지 아무도 알지 못하기 때문이다. 약한 인공지능은 체스 챔피언을 이긴 딥 블루나 '제퍼디 쇼'에서 승리한 왓슨, 알파고, MMORPG 게임에 등장하는 NPC나 게임에 등장하는 AI들을 말한다.

이들은 모두 '약한 인공지능'의 결과물이며, 지능이 있는 것처럼 흉내내는 단계이다. 현재는 한정된 영역에서 한정된 기능에 기대는 지능을 흉내내는 것이 가능하다. AI는 향후 경제 및 산업, 교육 기회와 삶의 질 향상, 국가 행정 및 안보 분야 등에 널리 활용될 것으로 예상된다.

구체적으로 제조업, 물류, 금융, 운송, 농업, 마케팅, 통신, 과학기술(경제 및 산업), 교육, 의료, 법률, 개인서비스(교육 기회 및 삶의 질 향상), 안보 및 법 집행, 안전 및 예측(국가 행정 및 안보) 등의 분야에서 경쟁력을 발휘할 전망이다.

빅데이터, O2O 혁명을 완성하다

4차 산업혁명이 상상 속 미래를 하나 둘씩 현실로 만들고 있다.

1~3차 산업혁명과 4차 산업혁명은 어떤 차이가 있을까. 1차 산업혁명은 오프라인 공간에서 '제품'을 만들었다. 2차 산업혁명은 오프라인 공간에서 '서비스'를 만들었다. 이렇게 1, 2차 산업혁명 모두 오프라인

의 현실 세상에서 이루어졌다는 특징이 있다. 그런데 3차 산업혁명이 일어나면서 인류는 '온라인 공간'을 창조했다. 아쉽게도 3차 산업혁명 시대에는 오프라인 현실 세상과 온라인 공간이 서로 떨어져 있었다.

4차 산업혁명은 두 개의 서로 다른 세상을 유기적으로 연결시켜 하나로 합치는 일을 하게 된다. 그래서 4차 산업혁명은 오프라인과 온라인이 합쳐지는 O2O 융합의 세상이라고 말할 수 있다.

가장 먼저 오프라인 세상이 온라인으로 옮겨진다. 이동이 일어날 때 바로 데이터가 생겨난다. 시간, 공간 그리고 인간 자체가 데이터로 표현된다. 현실 세상이 데이터로 이동하는 것을 디지털 트랜스폼digital transform 기술, 데이터 세상을 현실로 바꾸는 것을 아날로그 트랜스폼 analogue transform 기술이라 한다. 디지털 트랜스폼 기술로는 3D스캐너가 있고 아날로그 트랜스폼 기술에는 3D프린터가 있다. 같은 점은 빅데이터를 활용한다는 점이다.

빅데이터를 쌓으려면 어떤 조직이든지 'DT'를 일으켜야 한다. 1단계는 현실 세계를 데이터로 바꾸는 단계다. 2단계는 바뀐 데이터를 클라우드로 옮기는 단계다. 3단계는 이렇게 얻어진 빅데이터를 인공지능이 학습을 통해 의미를 도출하는 과정이다. 마지막으로 빅데이터가 알려준 메시지를 현실 세계에 적용해 최적화하는 것이 4단계이다.

예를 들어, 내가 있는 위치가 빅데이터에 올라가 있고, 카카오 택시의 위치도 가상 세계에 데이터로 올라가 클라우드로 관리되는 것이 1~2단계이고, 나와 택시의 데이터를 최적화해서 서로 연결해주는 것이 바로 3~4단계에 해당한다. 막히지 않는 길을 빅데이터로 예측해 내

비게이션을 통해 시간과 연료를 절약할 수 있도록 해주는 것이 바로 '데이터 혁명'이다.

이 같은 혁명은 모두 디지털 트랜스포메이션을 통해서만 가능하다. 이제 인간을 위한 욕망 충족은 현실 세계만으로는 한계에 부딪쳐 있다. 인기 연속극을 정해진 시간에만 볼 수 있다면 아쉬운 일이 한두 가지가 아닐 것이다. 하지만 DT는 언제 어디서든 원하는 방송을 시청할 수 있고 내가 보고 싶다면 언제든지 볼 수 있도록 혁신을 일으켰다.

온라인 세상이 인간의 욕망을 충족시킬 수 있는 또 다른 역할을 하고 있는 것이다. 그러나 온라인 세상은 현실 세상과는 다르기 때문에 욕망 충족에 한계가 있다. 따라서 온라인과 오프라인(현실)의 융합이 매우 중요하다.

빅데이터, 온·오프라인을 연결하다

대한민국 한강의 기적은 경부 고속도로 개통으로 일어났다. 고속도로를 통해 공산품들이 전국으로 배송되었고, 제품 수출에 필요한 원자재가 고속도로를 통해 이송되어 경쟁력 있는 제품으로 태어났다. 하지만 이 고속도로는 산업화 시대의 현실 세계를 잇는 연결망이었다. 이제 현실 세계와 가상 세계를 잇는 새로운 고속도로가 필요하다.

온라인과 오프라인을 연결하는 고속도로가 바로 데이터이다. 두 세계를 연결하는 연결망이 잘 구축돼야 새로운 한강의 기적이 가능하다.

빅데이터는 나의 정보이지만 내가 누군지는 알 수 없는 비식별화된 개인정보이다. 이를 활용하지 않으면 빅데이터가 만들어질 수 없다. 따라서 정부는 빅데이터의 활용을 허용하되, 부작용을 최소화시키는 방법을 찾아야 한다. 이 길이 바로 전 세계가 가고 있는 길이고, 우리도 가야 하는 길이기 때문이다.

미국은 기본적으로 개인정보를 개인의 자산이라고 생각해 정부가 관여하지 않고 있다. '사후 징벌' 위주의 관점으로 사전에 통제하지 않는다. 일본 정부는 산업 발전을 위해 비식별화 데이터를 사용하며, 악용할 시에만 강력하게 처벌하고 있다.

클라우드, 빅데이터의 집이 되다

옛날에는 가정집마다 우물을 파서 음용수로 사용했다. 지금은 수도꼭지만 틀면 된다. 4차 산업혁명 시대 데이터의 집 역할을 하는 것이 바로 '클라우드'라 할 수 있다. 4차 산업혁명의 본질은 사회 전 분야의 융합이다. 분야별로 나뉘면 융합 역시 어렵다.

이제는 데이터를 쉽게 융합할 수 있는 구조로 '클라우드'를 이용해야 한다. 기업의 개별 관리가 아닌 아마존, 마이크로소프트, 네이버 같은 데이터 보관 전문기업에서 관리하는 것이다.

우리 집 금고보다는 은행 금고가 더 안전하다. 개인 서버는 보안에 대한 전문화된 대책이 없지만 은행 금고는 안전한 보안 체계가 갖춰져 있다. 즉 보안을 위해서 '클라우드'를 사용해야 하는 것이다.

하지만 한국은 클라우드 규제로 산업 전 분야에 걸친 융합에 제동이 걸려 있는 상태다. 이렇게 되면 혁신과 협력, 경쟁력 향상이 어려워져 4차 산업혁명의 선두 국가가 될 수 없다.

클라우드 컴퓨팅은 그리드 컴퓨팅과 서버 기반 컴퓨팅 기술을 결합한 개념이다. 서버 기반 컴퓨팅은 서버 컴퓨터 하나와 다수의 단말기가 결합된 형태의 컴퓨팅 환경을 말하며, 컴퓨터가 개발된 초기에는 컴퓨터의 속도가 실제 컴퓨터로 작업하는 내용에 비해 빨랐기 때문에 개별 사용자들이 각각 자신의 컴퓨터를 갖고 있는 것보다 하나의 컴퓨터를 다수의 사용자가 같이 사용하는 것의 효율이 높았다.

한편 그리드 컴퓨팅은 상대적으로 저렴한 컴퓨터를 묶어서 슈퍼컴퓨터와 같은 성능을 내기 위한 방법이다. 여러 컴퓨터를 묶고 수행해야 할 내용을 쪼개 각각의 컴퓨터에게 할당한 다음, 그 결과를 수집해 결합하는 과정으로 이뤄진다. 그리드 컴퓨팅 기술이 발전하면서 서버 기반 컴퓨팅 구조의 장점과 결합해 태어난 것이 바로 클라우드 컴퓨팅 기술이다.

두 기술의 결합으로 단말기 역할만 하는 클라이언트 장비를 사용해 클라우드 서버에 접속해, 자신의 작업 환경을 시·공간 제약 없이 사용할 수 있게 된 것이 클라우드 컴퓨팅이다. 이로 인해 복잡한 작업을 낮은 비용으로 수행할 수 있게 됐다. 이 같은 효용성 때문에 클라우드 컴퓨팅은 인터넷 기반으로 컴퓨터 처리 자원이나 데이터를 컴퓨터 혹은 다른 장치에 연결·공유하는 기술로 사업 성장과 확장에 기여하고 있다.

클라우드 컴퓨팅을 사용하면서 조직의 업무가 공통 데이터 저장소를 중심으로 통합되어 신속한 처리와 상호 운용이 가능해졌다. 신생·중소기업은 대량의 컴퓨팅 리소스 용량을 제공받아 ICT 투자비용을 낮출 수 있게 되었다.

클라우드 컴퓨팅의 활용법 역시 변하고 있다. 이에 따라 서비스로서의 인프라infrastructure-as-a-service, IaaS, 서비스로서의 플랫폼platform-as-a-service, PaaS, 서비스로서의 소프트웨어software-as-a-service, SaaS의 개념으로 진화하고 있다.

IaaS는 서드파티 업체가 제공하는 고도로 자동화되고 확장 가능한 IT 인프라를 의미한다. 인프라스트럭처가 서비스의 대상이라는 개념이다. 이 인프라에는 스토리지, 호스팅, 컴퓨팅, 네트워킹 등이 포함된다. 비용은 사용한 만큼만 지급하면 된다. 기업은 IaaS를 통해 소프트웨어 라이선스와 서버 등 IT 자산을 직접 소유하는 대신 필요에 따라 이들 리소스를 유연하게 대여할 수 있다.

PaaS는 플랫폼을 서비스로 제공한다는 개념이다. IaaS는 물론 개발 툴과 기능, 애플리케이션 배포 등을 안전하게 제공한다는 게 기본 개념이다. 미들웨어와 데이터베이스 관리, 애널리틱스 혹은 운영체제 등이 포함된다.

SaaS는 소프트웨어를 서비스로 제공한다. 서드파티가 호스팅 방식으로 소프트웨어를 제공한다. 일반적으로 웹을 통해 접속해 로그인하기만 하면 사용할 수 있다.

세계 5대 기업, 데이터 기업이 석권하다

현재 세계 시장 상위 5개 기업(시가총액 기준)은 어디일까. 아마존, 마이크로소프트, 애플, 구글, 페이스북이다. 모두 데이터 기업이라는 공통점이 있다. 아마존은 온라인 고객 구매정보 데이터를, MS는 기업정보 데이터를, 애플은 소비자 데이터를, 구글은 포털 검색과 이용자 데이터를, 페이스북은 소셜 정보 데이터를 방대하게 축적하고 있다. 이들은 각자 보유한 데이터를 앞세워 타깃 마케팅할 수 있는 데이터 장사를 하고 있고 축적된 데이터를 토대로 혁신적인 서비스를 개발해내고 있다.

구글은 실명 원인이 되는 당뇨성 망막병증(DR) 환자 100만 명에 대한 안구검사 기록을 빅데이터로 확보했다. 당뇨병 환자는 전 세계 약 4억 1,500만 명으로 조기에 발견하면 치료가 가능하지만 그렇지 못할 경우 실명으로 이어질 수 있다. 구글은 당뇨 환자 데이터를 인공지능이 딥러닝 형식으로 학습할 수 있도록 함으로써 당뇨성 안구 질환을 손쉽게 진단할 수 있는 혁신 서비스를 내놓았다. 안구 뒤쪽을 촬영한 안구 사진을 AI가 읽어 위험성을 찾아내면 전문의가 환자를 검사한 후 질병 여부와 중증도를 진단할 수 있도록 한 것이다.

이는 빅데이터가 실명을 예방할 수 있는 방법을 찾아준 사례이다.

빅데이터의 활용가치가 커지고 데이터가 기업의 경쟁력을 좌우하는 핵심가치로 부상하면서 주요 글로벌 기업들은 기존 비즈니스의 방식과 구조를 새롭게 개편했다. 부가가치 창출의 원천을 '데이터 기반 경영'으로 대전환한 것이다.

데이터 기반 소프트웨어 기술을 앞세워 마이크로소프트, 애플, 구글, 페이스북 등이 세계에서 가장 시장가치가 높은 '데이터 기업'이 됐다. 에어비앤비, 우버 등은 데이터 기반 소프트웨어 서비스만으로 숙박업, 운송업 등 전통 산업에서 새로운 시장을 개척해냈다. 아마존, 월마트, 타깃Target 등 유통업체들은 데이터를 수집, 분석하여 마케팅에 활용함으로써 온·오프라인 소비재 시장을 선점했다.

데이터·AI,
비즈니스를 혁신하다

혁신 길잡이
'빅데이터 · AI'

일자리, 빅데이터 · AI로 통한다

앞으로 직업세계는 어떻게 변할까? 전통의 강자였던 경영학과, 경제학과가 힘을 잃는 대신 빅데이터, AI 전공 출신이 새로운 신세계를 열게 될 것이다.

과학기술정보통신부 산하 소프트웨어정책연구소에 따르면 2022년까지 국내 빅데이터 인력 중 석·박사급 인재는 시장 수요 대비 공급이 3,000명이나 부족하게 된다.

한국데이터진흥원 역시 현재 한국의 데이터 과학사는 시장 수요 대비 20%나 부족한 상황이라고 진단하고 있다.

기업 경영, 빅데이터로 통한다

"모든 기업은 데이터 기업이 된다." 앞으로 바뀔 기업 경영의 미래를 한마디로 표현한 말이다. 실제 전 세계 주요 기업들이 회사 경영의 패러다임을 데이터와 AI 중심으로 전환하기 시작했다. 구글, 아마존 같은 첨단 기업에서부터 농업과 어업 등 1차 산업 기업까지 모두 데이터의 수집, 가공, 분석, 활용에 뛰어들고 있다.

데이터 경제의 개념은 2011년 데이비드 뉴먼David Newman이 쓴 가트너 보고서(《How to Plan, Participate and Prosper in the Data Economy》)에서 처음 등장했다. 뉴먼은 이 보고서에서 "빅데이터, 오픈 데이터, 연결데이터 등 데이터의 경제는 새로운 시대의 경쟁우위를 주도하게 될 것이다"라고 예견했다. 이후 유럽집행위원회는 2014년 '데이터 주도 경제 Data Driven Economy' 개념을 소개하며 모든 기업들에게 디지털 마켓 전략을 수립할 것을 조언했다.

그만큼 기업의 디지털화, 빅데이터 전략은 기업의 생존을 위한 선택이 아닌 필수가 됐다.

데이터가 신자본으로서 가치를 인정받으면서 모든 산업의 발전과 새로운 가치 창출의 촉매제 역할을 하는 '데이터 경제 시대'가 본격화되고 있다.

이후 2014년부터 유럽 집행위원회EC가 디지털 싱글 마켓Digital Single Market 전략의 일환으로 '데이터 주도 경제', '데이터 경제' 개념을 도입하면서 집중 조명되고 있다.

출처: IDC, 2019

　국가와 기업들이 데이터 수집에 나서면서 데이터 시장은 급팽창할 전망이다. IDC에 따르면 2017년 1,508억 달러에 그쳤던 세계 데이터 시장 규모는 2020년 2,100억 달러까지 급성장할 전망이다. 연평균 11.9% 성장하는 추세이다. 국내 데이터 시장 역시 2017년 6조 2,973억 원에서 2020년 7조 8,450억 원으로 성장할 전망이다.

　데이터의 활용도에 따라 기업의 성과도 달라지고 있다. 국내 기업 중 공공데이터를 활용한 기업의 83%가 고용 확대 효과를 봤고 66.5%는 매출이 증가했다.

　'데이터 간접 후방 효과(데이터 기반 기술과 서비스가 타 산업에 영향을 주면서 발생하는 효과)는 갈수록 커지는 것으로 나타났다.

빅데이터, 노다지를 안겨준다

스페인 회사 인디텍스의 '자라ZARA'는 세계 의류 매출 1등 브랜드다. 이 회사의 성공 비밀은 SPA라고 불리는 '패스트 패션' 전략에 있다. 대부분의 의류 회사들이 계절별로 한 번씩 신상품을 내놓지만, 자라는 1~2주 단위로 전 세계 고객이 원하는 신상품을 기획해서 내놓아 소비자를 유혹한다. 이 덕분에 이 회사의 창업자 아만시오 오르테 회장은 2018년 한때 빌 게이츠를 제치고 세계 1등 부자 자리에 오르기도 했다. 현재 오르테 회장의 재산은 762억 달러로 페이스북 창업자인 마크 저커버그(740억 달러)보다 많다. 매장 수만 세계 93개국에 7,500개가 넘고 매출은 35조 원이 넘는다. 첨단 산업이 아닌 전통 산업인 옷과 신발을 팔아 일궈낸 놀라운 성공이다.

어떻게 이렇게 놀라운 결과를 만들어낼 수 있었을까?

자라의 성공은 전 세계 물류 시스템과 온라인 쇼핑몰, 오프라인 매장, 디자이너실 등을 하나의 네트워크로 연결한 '빅 데이터망'을 구축한 데 있다. 모든 제품에 전자태그RFID(무선 주파수 인식기)를 부착해 전세계 매장에서 어떤 색깔과 사이즈, 어떤 디자인 제품이 잘 팔리는지, 유행의 트렌드를 찾아내 고객이 원하는 '정확한Accurate 패션'을 제안했기 때문이다.

홍콩에는 세계 최대 아웃소싱 전문기업 '리앤펑Li&Fung'이 있다. 이 회사는 직영 공장 한 곳도 없이 고객사가 원하는 의류 20억 벌을 매년 생산해주는 세계적인 의류 회사이다. 그 비법은 '빅데이터'에 있다. 전 세계 40개국, 약 1만 5,000개가 넘는 공장을 하나의 빅데이터로 연결해 생산부터 물류까지 최적의 공급망 관리SCM시스템을 구축했다.

전 세계 어떤 공장이 고객사의 요구사항을 가장 효과적으로 원하는 시간에 생산해줄 수 있는지에 대한 정보를 토대로 직물, 단추, 지퍼, 원단, 물류까지 최적의 결론을 도출해낸다. 나아가 패션 시장의 트렌드 변화를 가장 빨리 포착해 가장 짧은 시간 내에 유행 상품을 만들어내고 있다.

AI, 산업의 A to Z를 바꾸다

제조업에서 제품 설계와 디자인은 인간의 독창성이 중요한 역할을 한다. 그런데 이 영역까지 AI가 투입되어 인간의 능력을 뛰어넘는 고차원의 제품 설계와 디자인까지 가능하도록 하고 있다.

3D 소프트웨어 회사인 오토데스크Autodesk는 캐드CAD와 AI를 접목한 프로그램 '드림캐처Dreamcatcher'를 내놓았다. 사람이 몇 가지 조건만 입력하면 그에 알맞은 최적의 디자인을 바로 제시해준다. 놀라운 사실은 AI가 공학적 구조와 경제적 효율성까지 고려해 결과물을 제시하기 때문에 재료를 아끼면서도 안전하고 튼튼한 제품을 만들 수 있다는 점이다.

이를 통해 사람이 미처 신경 쓰지 못하는 조형적인 면과 기술적인 면의 균형점을 찾아준다.

모두 빅데이터를 학습한 인공지능이 정확한 해법을 갖고 있기 때문에 가능한 일이다.

오토데스크만 있으면 누구나 손쉽게 집을 지을 수 있고 원하는 제품을 손쉽게 만들어낼 수 있다. 이를 두고 〈월스트리트 저널〉은 컴퓨테이션 디자인을 활용한 '하이브리드 디자인'이라 명명했고, 업계에서는 생성적 디자인generative design이라고 부르고 있다. 컴퓨터에 원하는 디자인 콘셉트를 입력만 하면 AI가 디자인을 자동으로 생성해준다는 뜻이다.

인공지능으로 무장한 산업 현장의 로봇은 사람보다 더 똑똑한 협업형 로봇collaborative robot, 즉 '코봇cobot'으로 진화하게 된다.

영화 〈아이언맨〉에는 '아이언맨 슈트'가 등장한다. 이 슈트가 바로 AI로 무장한 '외골격 로봇exoskeleton robot'이다. 인간의 걷기, 뛰기, 점프 능력을 향상시켜줄 뿐만 아니라 신체 이상 현상까지 정확히 알려준다. 머지않아 모든 집의 옷장 안에는 인간의 능력을 향상시켜줄, 일명 '아이언맨 슈트'가 걸려 있게 될 것이다.

자동차 회사들은 이 코봇을 활용해 업무의 효율성을 높이고 있다. BMW의 코봇 '미스 샬럿Miss Charlotte'은 차량문 조립을 돕고 있고 벤츠 조립공장에서는 코봇이 S클래스 세단의 다양한 부품을 오류 없이 선택해 사람에게 전달해준다.

이들 인공지능이 이 같은 업무를 할 수 있는 것도 역시 빅데이터가 제공하는 데이터를 통째로 학습하기 때문이다.

독일 지멘스는 어떻게 풍력발전소의 경쟁력을 높이고 있을까? 인공지능은 기상 정보와 컴포넌트 진동, 바람 흐름과 세기 등의 데이터를 분석해 터빈 블레이드(날개)의 각도를 미세하게 자동으로 조정하고 날개의 크기를 최적화할 수 있도록 의견을 제공하고 있다. 이를 활용해 지멘스는 앞쪽 터빈에서 뒤쪽 터빈으로 불어오는 예상치 못한 공기 흐름까지 반영해 전기 생산량을 극대화해 풍력발전기의 경쟁력을 높이고 있다

장거리 트럭이나 중장비 운전사의 잘못된 판단은 큰 위험을 초래할 수 있다. AI가 이런 고위험 직업군의 '수호천사'로도 맹활약하고 있다. 소프트웨어 전문 기업 SAP는 '작업자 안전 AIConnected Worker Safety'를 도입해 근로자의 심장 박동, 체온, 피로도, 긴장도 등 몸 상태를 실시간으로 확인할 수 있도록 해주고 있다. 나아가 휴식이나 휴가가 필요하다고 판단되면 미리 신호를 보내준다.

AI가 장착된 '첨단운전자보조시스템ADAS: Advanced Driver Assistance Systems'은 앞차와 적정거리를 계산해 추돌 사고를 막아주고 운전자의 안면 생채 정보를 정확히 분석해 졸음운전과 주의 분산, 피로 누적으로 생길 수 있는 사고까지 미리 막아준다. 나아가 탑승자의 심박 측정을 통해 건강을 점검해주고 스트레스, 음주 여부까지 확인해 운전 가능 여부를 진단해준다.

AI가 산업 현장과 업무방식을 빠르게 바꿔놓고 있다. 이제 AI를 알아야 미래의 경쟁에서 이길 수 있다.

데이터 · AI,
시장을 예측하다

비즈니스 성공의 핵심 요체는 '시장 예측' 능력이다

먼 옛날에는 소금 장수의 날씨 예측 능력이 '부자 상인'이 되느냐, 마느냐를 결정했고 최근에는 주가 예측 능력이 '부자 투자자'의 운명을 결정했다. 하지만 지금까지는 모두 과학적 근거가 부족했고, 직관력과 운이 결정적인 역할을 했다. 이제는 과학적 예측이 가능해졌다. 바로 빅데이터가 미래 예측을 정확하게 할 수 있는 '마법'을 발휘하기 때문이다.

자라, 트렌드 예측⋯ 2주마다 새 제품을 만든다

세계 1위 패션 의류업체 자라는 1주일에 2차례씩 신제품을 매장으로 내보낸다. 반응이 좋지 않은 제품은 곧바로 매장에서 사라진다. 잘 팔리더라도 최대 4주까지만 상품을 진열한다. 할인 이벤트는 1년에 두 차례로 제한한다. 고객 충성도는 다른 의류 브랜드에 비해 17배나 높다. 특이하게 TV나 신문 등 광고비를 단 한 푼도 쓰지 않는다. 마케팅 비용은 총 매출의 0.3% 수준, 다른 업체의 15분의 1 수준이다. 자라가 한 해 벌어들이는 매출은 35조 원. 자라의 성공 비밀은 어디에 있는 것일까. 바로 '빅데이터'가 비밀이다.

자라 매장에 놓인 모든 상품에는 RFID 칩이 부착돼 있다. 칩에는 해당 제품의 색상, 치수, 매장 내 위치, 판매량 등 모든 정보가 담겨 있다. 이 때문에 원피스가 한 장 팔리면 재고 관리실에서 실시간으로 파악해 똑같은 치수의 옷을 바로 채워 넣을 수 있다. 이 칩은 옷이 현재 진열대에 놓여 있는지 아니면 고객 손에 들려 있는지 아니면 드레스룸에서 고객에게 입혀지고 있는지 등 실시간 데이터를 수집해 직원에게 알려주는 역할을 한다. 고객이 원하는 제품을 문의하면, 직원은 스마트폰을 꺼내 가격표 QR 코드에 댄다. 그러면 해당 치수가 매장 창고에 있는지, 인근 다른 매장에 있는지 등 갖가지 정보를 바로 안내받을 수 있다.

제품에 대한 고객 반응도 데이터로 관리한다. 자라는 매장과 SNS 채널, 설문조사 등을 통해 얻은 모든 고객 반응을 데이터화하고 있다. 이렇게 모인 데이터는 스페인 아르텍소Arteixo에 위치한 자라의 자체 데이터 센터에 전송된다. 이 센터에는 24시간 빅데이터 전문가들이 교대로 상주하고 있다. 이들은 이렇게 모은 방대한 양의 빅데이터를 분석해 소비자가 앞으로 어떤 디자인의 신상품을 원할지를 분석해낸다.

여기서 읽어내는 소비자의 요구는 단순한 구매 데이터가 말해주는 '현재의 유행'과는 다른 종류다. 예컨대 소비자들이 특정 디자인의 옷을 (실제로 구매하진 않더라도) '진열대에서 한번 집어보고', '드레스룸에서 한번 입어보는' 빈도가 점점 늘어나는 것을 보고 곧 이 패션이 유행할 것이라는 가능성을 읽어낸다. 빅데이터를 통해 '유행 패션'을 예측하고 있는 것이다.

자라는 빅데이터 정보를 바탕으로 신상품의 디자인을 바로바로 결정하고, 해당 신상품의 생산량을 구체적으로 정해 각각의 매장으로 배송시킨다. 이것이 바로 지난 2005년 MIT와 협업해 개발한 '재고 최적 분배 시스템'이다.

자라는 이 시스템을 통해 분석된 데이터를 바탕으로 한 시즌당 무려 1만 1,000여 종의 신상 의류를 내놓는다. 2주에 한 번씩 신상품이 나오는 셈이다. 타 브랜드 업체들이 한 시즌에 평균 3,000종을 내놓는 것과 비교하면 엄청난 생산 속도이고, 결코 마구잡이로 출시하는 것도 아니다.

자라의 신상품 실패율은 1% 미만이다. 업계 평균 실패율이 20% 정도임을 고려하면 내놓는 족족 성공하는 셈이다. 고객의 수요를 질과 양 측면에서 모두 정확히 예측하다 보니, 자연스럽게 2,000개가 넘는 자라 매장의 의류 재고는 거의 0에 가깝다. 시즌이 시작하기 전에 판매할 패션 디자인과 생산량을 모두 정해놓고, 이를 다양한 홍보 마케팅으로 소비자들에게 판촉하는 기존의 업계 방식을 뒤집어 놓은 것이다.

알리바바, 데이터로 경제 패권을 쥐다

매년 11월 11일 중국 알리바바가 주관하는 쇼핑 축제 광군제光棍節.

2019년 매출은 2,684억 위안, 우리 돈 44조 6,671억 원에 달한다. 하루 동안의 택배 물량만 우리 돈 7조 80억 원 규모로 총 10억 4,000만 건이 넘는다. 2011년과 2012년에는 빠오창(과도하게 몰린 택배를 물류사가 제때 처리하지 못해 배송 시간이 크게 지연되는 물류창고 과부하 현상) 사태로 소비자 불만이 높았다. 하지만 지금은 모든 택배가 정확하게 원하는 시간에 도착한다. 어떻게 이런 기적을 만들어냈을까.

바로 빅데이터와 AI의 도움 덕분이다. 알리바바는 지난 10년 동안 광군제 때 중국 전역에서 수집한 소비 데이터를 축적했고, AI를 통해 이 데이터의 소비 패턴을 분석하고 예측하는 모델을 만들어냈다. 가령 "올해 ×× 지역에서 가장 잘 팔릴 것으로 보이는 물건은 파란색 스웨터다"라는 식으로 분석결과를 도출해낸 것이다. 이를 바탕으로 알리바바는 광군제가 시작하기 직전 각 지역의 물류창고에 물건을 '예측 배송'해놓았다.

AI의 예측은 정확하게 맞아떨어졌다. 그 결과 소비자들이 주문한 10억 건의 택배는 정시 배달이 가능해졌다. '주문 후 배송'이라는 물류 업계에 당연했던 배달 관행을 데이터와 AI를 동원해 '배송 후 주문' 방식으로 완전히 패러다임을 비꾼 것이다.

연간 거래액 5조 7,000억 위안(약 955조 원). 세계 최대 전자상거래 사이트 알리바바의 놀라운 거래 규모이다. 알리바바는 2024년 총 거래액 10조 위안(약 1,700조 원)시대를 꿈꾸고 있다. 그 인기 비결은 어디에 있을까? 바로 '데이터 커머스'에 있다. 알리바바 상거래 성공의 이면에는 빅데이터 분석 프로그램 '천인천면千人千面'이 숨어 있다. 이를 통해 소비자 개개인의 검색 기록, 행동 유형 등을 분석해 각자에게 다른 화면을 보여주고 상품도 본인 취향에 맞게 추천해주고 있다. 당연히 고객의 구매 전환율이 올라가게 된다. 천인천면은 1,000명의 사람이 1,000가지 얼굴을 한다는 뜻으로 1,000명이 똑같은 알리바바 사이트에 들어오더라도 완전히 다른 화면을 보게 된다는 것을 의미한다.

KT의 빅데이터 기반 모바일 커머스 '쇼닥ShoDoc'은 말 그대로 쇼핑몰 닥터 역할을 하고 있다. 구매자의 상품 정보를 빅데이터 기반으로 연결해 각 소비자의 성별, 연령, 지역 등 기본 정보에 따라 맞춤 상품을 추천해주고 있다. 여성의류 렌탈 회사 '렌트더런웨이Rent the Runway'는 고객이 원하는 유명 브랜드 의류와 가방, 액세서리를 빌려주고 있다. 고객의 신체 정보와 이미지 데이터를 토대로 고객이 원하는 제품을 찾아서 맞춤형으로 제공하는 방식이다.

알리바바는 수많은 물류 배송 빅데이터를 토대로 물류 창고를 '스마트 무인 창고'로 탈바꿈시켰다. 알리바바 그룹의 물류 기업 차이냐오 네트워크Cainiao Network ,菜鸟가 만든 이 물류 창고는 IoT, 인공지능, 엣지 컴퓨팅, 물류 로봇 등 첨단 디지털 기술이 모두 적용됐다.

과학적으로 설계한 상품 진열 시스템을 통해 로봇 팔이 사람을 대신해 10층 높이로 전자레인지, 전기오븐 등 각종 가전제품을 쌓는다. 소비자의 주문이 들어오면 이 무인 로봇이 상품을 꺼내 로봇 팔로 포장을 뜯어 낱개 상품을 포장한 후 자동으로 송장을 붙여 발송한다. 주문에서 배송까지 모든 공정을 사람 없이 처리하는 '무인 작업' 시스템이다. 이 같은 물류 창고 구축은 오프라인 창고에서 축적된 빅데이터와 AI가 큰 역할을 했다. 로봇 팔은 한 번에 125kg의 상품을 옮길 수 있다. 또 시각 장치를 통해 상품을 인식하고 분석도 한다. 하루에 1,000톤 이상의 제품을 운반하면서 사람이 2만 차례 허리를 구부려야 했던 작업을 대체하고 있다. 이를 통해 알리바바는 상품 발송 업무 효율을 기존 유인 창고보다 4배 이상 높일 수 있었다.

알리바바는 2018년 대형 데이터센터 10개에 맞먹는 빅데이터 서버 '베어 메탈Bare Metal'을 구축했다. 이를 통해 10억 건이 넘는 대량의 데이터 처리를 가능하도록 했다. 시스템이 과부하되지 않도록 만든 지엔빙尖兵은 무려 1,000명의 엔지니어가 하는 역할을 척척 해낸다. 인공지능 통제 시스템 다링达灵은 직원 20명의 업무를 대신해 서버를 효율적으로 관리한다. 순찰 로봇 티엔쉰天巡은 거대한 면적의 데이터센터를 돌며 IT 기기, 설비 상황을 확인해 2만 대의 서버를 제어함으로써 과거 사람들이 중복 관리했던 업무를 30%나 줄였다.

인공지능 배너 광고 디자이너 '루반鹿班'은 기존 디자이너가 만든 100만 개 이상의 디자인을 학습하고 이를 응용해 1억 개 이상의 새로운 디자인으로 재창조해낸다. 루반은 사람이 해낼 수 없는 속도인 하루 4,000만 개이 배너를 제작해 제품 판매를 돕는다. 광군제 기간에는 초당 8,000장의 속도로 포스터를 제작하고 4억 개에 달하는 배너를 만들어준다. 이를 통해 알리바바는 유저들이 타오바오에 접속할 때마다 매번 다른 디자인의 배너가 뜨도록 설정하여 매출을 신장시켰다. 알리바바는 루반이 디자인한 배너를 도입해 상품 클릭율을 100% 이상 높일 수 있었다. 인공지능과 데이터가 제품 판매를 혁신하는 길잡이 역할을 하고 있는 것이다.

2018년 광군제 기간 동안 알리바바와 저장대학교浙江大学는 인공지능 영상 제작 솔루션 알리바바 우드Alibaba Wood를 개발했다. 이 솔루션에 주요 텍스트와 이미지를 올리면 1분 안에 20초 분량의 짧은 홍보 영상을 만들어준다. 이 같은 방식으로 1분 이내에 200개의 홍보 영상을 제작할 수 있다. 동영상 내용에 따라 배경음악도 자동으로 조합해준다.

과거에 중국 캐주얼 패션 브랜드 썬마森马, SEMIR는 광군제 기간 동안 200여 건의 상품을 판매하기 위해 최소 5명의 동영상 제작자가 2주 동안 작업해야 했다. 하지만 우드를 활용하자 1분 만에 모든 동영상 제작을 해결할 수 있었고 영상 제작비를 90%나 줄일 수 있었다. 동시에 상품의 구매 전환율도 50%로 끌어올릴 수 있었다.

나아가 알리바바는 다양한 구매 데이터를 토대로 상품 추천 시스템天猫智选을 개발해 인기 제품의 특성을 미리 분석하고 예측해냄으로써 매출을 극대화할 수 있었다. 이들 제품을 광고 시스템과 연계해 노출 빈도수를 높이고 더 많은 트래픽이 인기 제품에 몰릴 수 있도록 유도했던 것이 효과를 냈다. 또한 구매자의 구매 내역, 배경, 지역 등을 기반으로 맞춤형 추천 상품을 제시함으로써 제품의 선택을 돕는 방식으로 구매 가능성을 높였다. 패션 AI 시스템은 빅데이터를 활용해 특정 제품과 어울리는 제품을 추천하는 방식으로 부가 매출을 발생시켰다.

알리바바는 상하이와 난징에 '자동차 자판기' 매장을 선보였다. 커피처럼 자동차를 자판기에서 사도록 한 것이다. 구매자의 무엇을 믿고 비싼 자동차를 자판기로 판매하는 걸까.

여기에는 알리바바가 축적한 빅데이터와 차량 유통 스타트업 다써우처大搜車의 운영 노하우가 숨어 있다. 알리바바는 자사의 빅데이터, 안면인식 기술을 활용해 고객 정보를 정확하게 파악해 신용평가시스템인 즈마신용점수芝麻信用分가 700점을 넘으면 차량을 보증금 없이 구매할 수 있도록 하고 있다. 이를 통해 아우디, BMW, 마쓰다, 닛산, 뷰익, 포드, 혼다 등 한 매장에서 10개가 넘는 브랜드의 차량 모델을 시승하고 구매할 수 있다.

빅데이터, 고객을 알려주다

2011년 미국 샌프란시스코에 설립된 쇼핑몰 스티치픽스Stitch Fix는 요즘 떠오르는 패션업계의 혁신기업이다. 온라인 쇼핑몰(www.stitchfix.com)이지만 홈페이지에는 옷을 입은 모델 사진이나 옷과 관련된 사진이 한 장도 없다. 그럼에도 설립 7년 만에 전 세계 고객 270만 명을 확보하며 매출 1조 원을 돌파했고 현재 기업가치는 4조 원이 넘는다.

그 비결은 바로 빅데이터 분석을 통해 인공지능과 스타일리스트가 개인이 원하는 취향을 찾아 정확히 맞춤형으로 제공한 데 있다. 직원 구성도 특별하다. 데이터 과학자 100명, 스타일리스트 3,900명이 핵심 인력이다. 온라인 퍼스널 스타일리스트들이 고객들과 개인적인 관계를 구축하며 데이터를 토대로 고객의 개성을 살려줌으로써 고객을 만족시키고 있다.

"이번 주 친구 결혼식에서 나를 주목받는 여인으로 만들어줘."

소비자는 이 같은 주문만 하면 된다. 소비자들이 자신의 정보(신체치수, 취향)와 희망사항을 입력만 하면 그 데이터를 토대로 의상을 추천하고 배송해준다. 비결은 인공지능이 분석해내는 빅데이터에 있다. 고객이 좋아할 만한 옷의 리스트를 인공지능이 뽑아내면 전문 스타일리스트는 이 가운데 5가지를 골라 고객에게 배송해준다. 고객들은 옷을 입어보고 마음에 들지 않으면 반품하면 된다. 로봇과 인간이 힘을 합쳐 놀라운 비즈니스 모델을 만들어내고 있는 것이다.

수없이 등장하는 신제품과 유행 등에 상관없이 셔츠, 바지, 스웨터, 재킷 등을 내 맘대로 선택해 입고 싶은 고객의 마음을 파고들었다. 놀랍게도 고객의 80%는 추천한 옷 중 한 벌을 구매했고, 80%의 고객은 첫 구매 후 90일 내 재구매를 선택했다.

나의 피부와 스타일에 맞는 최적의 화장법은 무엇일까? 어떤 화장품이 나에게 가장 잘 맞을까? 일본 최대의 화장품 정보 사이트 '해피카나Hapicana, 富士通'는 5만 장의 얼굴 이미지 데이터를 토대로 고객이 원하는 화장품과 화장법, 나아가 구매 사이트까지 추천해준다. 고객은 얼굴 사진을 찍어 사이트에 올리고 화장 타입, 연령, 희망사항 등을 적어 올리기만 하면 된다. 해피카나는 빅데이터를 인공지능으로 분석하고 딥러닝 기술로 끊임없이 학습하며 고객에게 최적의 해답을 제공한다. 5만 장의 얼굴 이미지 데이터를 토대로 인공지능이 80만 번의 학습과 분석을 통해 얼굴 형태, 눈, 코, 입술 등 8종류의 얼굴 특징을 제시해준다. 고객이 원하는 얼굴형을 선택하면 해피카나는 화장법과 화장품을 추천해준다.

수많은 소비자들이 쌓아놓은 빅데이터가 '돈'이 되는 시대가 시작됐다. 빅데이터를 인공지능이 분석해 이를 비즈니스와 접목하는 '큐레이션 커머스curation commerce'가 21세기의 새로운 비즈니스 모델로 떠올랐기 때문이다. 큐레이션 커머스란 미술관이나 박물관에서 큐레이터가 테마에 맞춰 제품을 기획 전시하는 것처럼 특정 분야 전문가가 직접 고객이 원하는 제품을 골라주는 전자 상거래를 말한다.

이러한 큐레이션 커머스는 스마트폰과 SNS의 활성화로 수많은 소비자 정보가 빅데이터를 만들어냄에 따라 이를 효율적으로 활용하기 위한 '데이터 커머스Data Commerce'로 진화하고 있다. 데이터 커머스는 빅데이터를 기반으로 한 고객 맞춤형 큐레이션 상거래 서비스를 말한다. 인공지능이 분석한 빅데이터 결과를 토대로 개인의 라이프스타일에 맞는 상품과 뉴스, 서적, 의류, 음악 등 거의 모든 것을 추천한다.

중국에는 자판기가 고객이 원하는 제품을 골라주는 서비스를 제공하는 곳도 있다. 자판기 내부에 '가상 메이크업 미러'가 설치돼 있어 제품만 선택하면 실제 메이크업을 한 것과 똑같은 효과를 체험할 수 있도록 하고 있다.

예를 들어, 여러 가지 색깔의 립스틱을 선택만 하면 자신의 얼굴에 매칭시켜 볼 수 있다. 빅데이터가 개인의 얼굴에 맞는 최적의 색상과 피부에 맞는 화장품을 골라주고 소비자들의 연령대별로 선호 브랜드와 색상 정보를 알려준다. 마음에 드는 제품을 QR코드로 결제하면 집으로 배달까지 된다. AI와 빅데이터가 결합해 세상을 바꿔놓고 있는 것이다.

빅데이터, 제조업을 혁신하다

빅데이터가 증강현실과 결합해 제조업을 혁신하는 기폭제가 되고 있다. 대표적인 것이 마이크로소프트가 개발한 홀로렌즈 기술이다. 홀로렌즈는 AR 전용 헤드셋으로 데이터가 만든 영상을 보면서 생산적인 활동을 할 수 있도록 도와준다.

엘리베이터 제조 기업 '티센크루프'는 AR을 활용해 생산성 혁신을 이뤄냈다. 엘리베이터의 고장 수리방법을 알려주는 데이터베이스를 VR를 통해 제공함으로써 유지 보수 작업의 효율을 높인 것이다. 티센크루프는 작업자가 현장을 방문하기 전에 홀로렌즈를 통해 엘리베이터의 상황을 파악할 수 있게 했다. 현장에서도 작업자에게 필요한 정보를 AR로 제공할 뿐만 아니라 전문가의 지원이 필요하면 스카이프를 통해 AR 상에서 지원받을 수도 있다. 그 결과 유지 보수 작업시간을 수십 분 이내로 단축시켰다.

빅데이터, 생산성을 혁신하다

자동차 제조 기업 '포드'는 설계 단계에 AR를 적용한 뒤 자동차의 검사 시간을 주 단위에서 일 단위로 줄일 수 있었다. 포드는 제조 단계에도 AR을 적용했다. 작업에 필요한 매뉴얼 정보를 AR을 통해 제공함으로써 이를 보면서 작업을 할 수 있도록 한 것이다. 그뿐만 아니라 작업자는 필요 시에 전문가와 연락을 취해서 제조 과정에 필요한 도움을 받을 수 있도록 했다. 그 결과 제조 공정의 효율성이 획기적으로 개선되었다.

농업용 제조 전문 기업 '아그코 AGCO'는 AR을 통해 농기계의 조립 순서, 점검 사항, 매뉴얼 등을 제공했다. 덕분에 아그코는 제조 시간을 20%, 검사 시간을 30%로 줄일 수 있었다. 자동차 부품 제조 기업 '코니KONI'는 AR을 적용해 부품 선별 작업의 정확도를 100%에 가깝게 높일 수 있었다. 미국의 우주 항공업체 '록히드마틴Lockheed Martin'은 화성 탐사선 등 우주선 설계 과정에 AR을 적용해 작업의 효율을 높였다. 항공기 제조 기업 '보잉Boeing'은 비행기 부품 연결 작업 및 긴급 상황 대처 훈련용으로 AR를 활용하고 있다.

이처럼 빅데이터를 AR을 통해 제공함으로써 작업자의 업무 전문성을 높일 수 있으며, 이를 통해 작업 시간 단축과 품질 향상을 동시에 꾀할 수 있다.

UPS, 빅데이터로 배달을 혁신하다

미국의 세계적 운송업체 'UPS United Parcel Service'는 빅데이터로 혁신을 일으킨 대표적인 기업이다. 오리온 ORION 소프트웨어를 개발해 최적의 배달 경로를 찾아냄으로써 수백만 갤런의 가솔린을 절약할 수 있었다. UPS는 가능한 한 우회전을 많이 포함시킨 배달 경로 지도를 빅데이터화했다. 빨간불 때문에 좌회전을 기다리는 것보다는 우회전해서 돌아가는 게 엔진의 공회전을 없애는 등 여러 측면에서 더 낫다는 판단 때문이었다. 이런 방식으로 5만 5,000개가 넘는 배달 경로를 최적화했다. 러시아워를 피해 배달하는 것도 큰 도움이 됐다. 운전자당 하루 1마일을 덜 운행하면 연간 150만 갤런의 연료를 절약할 수 있다. 이를 통해 온실가스 배출을 줄이고 연간 5,000만 달러의 연료비까지 줄일 수 있다.

빅데이터,
기업을 혁신하다

내부 프로세스를 개선하다

빅데이터 분석에 카드사와 통신사가 가장 먼저 움직이고 있다. 이들 기업은 내·외부 데이터의 융·복합과 분석 등을 통해 고객관계관리·경험의 변화, 신사업 발굴 등의 기회를 모색하고 있다. 하지만 규모나 고도화 등의 측면에서 해외 기업과 비교하면 아직 부족한 실정이다.

국내 기업들의 빅데이터 분석 솔루션 활용도 늘고 있다. 삼성SDS는 제조, 물류 등 다양한 서비스에 활용할 수 있는 데이터 분석 솔루션 '브라이틱스Brightics'의 '실시간 생산시설 분석', '물류 리스크 모니터링' 등을 앞세워 고객사들의 생산성 향상을 지원하고 있다. 삼성전자는 삼성SDS의 '브라이틱스' 솔루션을 국내외 법인 간 물류 효율화에 적용해 생산성을 향상시켰다. 이밖에도 많은 기업들이 품질관리 등에 빅데이터 솔루션을 활용하기 시작했다.

고객 관계·경험의 변화를 예측하다

신한카드는 자사의 월평균 승인 건수 2억 건과 2,200만 명에 달하는 고객의 빅데이터를 분석해 고객 맞춤형 서비스를 강화하고 있다. 소비 패턴에 따라 남녀 각각 9개씩 18개의 생활방식을 도출해 새로운 상품 체계인 '코드나인 매칭 솔루션Code9'을 개발한 것이 대표적인 사례다. 코드나인 매칭 솔루션이란 신규 고객에게는 성, 연령, 지역별 이용 패턴에 맞춰 카드를 추천하고, 기존 회원에게는 이용 패턴에 따른 우선순위를 적용하는 알고리즘을 적용해 고객에게 맞춤형 최적 상품을 매칭하는 것이다. 여기에 신상품 출시와 각종 업종 대표 기업들과의 공동 마케팅 효과를 합산해보니 연간 5,934억 원에 달하는 추가 카드 이용을 보였다. 이용금액 역시 매칭 전후로 신규 고객은 10.7%, 기존 고객은 40.8% 늘어나는 효과를 거두었다.

신한카드는 나아가 고객 2,200만 명의 방대한 데이터를 토대로 마케팅 플랫폼인 '샐리sally'를 구축했다. 빅데이터를 분석해 270만 개 가맹점에서 이루어지는 월평균 2억 건의 카드 결제 내역에 최적화한 개인 맞춤형서비스를 제공했다. 주요 업종 대표 기업들과 공동으로 마케팅 플랫폼을 구축해 별도의 할인쿠폰 없이 자동으로 할인받을 수 있도록 한 것이다.

빅데이터를 기반으로 설계된 최적의 할인 서비스는 고객의 라이프 스타일과 소비 패턴 등을 정확히 파악해 서비스하는 것이 특징이다.

빅데이터로 상권분석·타깃 마케팅하다

국내 최대 이통통신사인 SK텔레콤은 막대한 통신 데이터를 활용해 유동인구와 지리 정보, 소비업종과 상품 판매 현황을 종합적으로 분석할 수 있는 '지오비전Geovision'이라는 상권 분석 및 타깃 마케팅 지원 서비스를 개발해 제공하고 있다. 희망상권 내 주요 구성인구는 얼마나 되는지, 유동인구는 얼마나 되는지, 희망업종 관련 매장 수는 몇 개인지, 희망업종은 과연 성장기인지, 쇠퇴기인지 등 창업 희망자가 알고 싶은 내용을 모두 알려주고 있다.

이 같은 상권분석은 SK텔레콤의 통신 데이터는 물론 현대카드의 회원 데이터, SK플래닛의 오케이캐시백OCB, 부동산 114 등의 다양한 데이터를 결합해 가능해진 것이다.

주차장 빈자리 찾아준다

SK텔레콤은 ADT캡스와 실시간 주차 공간 확인부터 결제, 통합 관제, 현장 출동까지 주차 관련 모든 서비스를 통합 제공하는 주차 솔루션 'T맵 주차'를 선보였다. T맵 주차는 SK텔레콤의 첨단 ICT 기술과 ADT캡스의 주차장 관리 및 보안 노하우를 결합한 주차 솔루션이다.

운전자에게는 전용 앱으로 실시간 주차공간 조회, 할인, 자동결제까지 가능한 원스탑 초간편 주차 서비스를 제공한다. 이를 위해 SK텔레콤은 지오비전의 유동인구 데이터, T맵 출발 도착 데이터, 국토교통부 주차장 데이터 등을 활용해 주차 수요 공급 분석을 마쳤다.

현재 국내 주차 시장은 서울시 기준으로 차량 대비 주차장 공급 비율이 127%에 이르고 있지만 지역 간 수요와 공급 불일치, 정보 부족 등의 이유로 주차 시 운전자가 큰 불편을 겪고 있다.

T맵 주차는 24시간 통합 관제, 전국 단위 출동 보안 인프라, 최첨단 영상 관제 등 차량 안전 서비스까지 제공한다는 계획이다. 24시간 콜센터 운영을 통해 전국 2,000여 명의 출동대원 및 전문 보안기술자들이 언제 어디서나 실시간 민원 처리, 전문 유지보수, 점검 등을 할 수 있게 되었다.

마인즈랩, 인공지능 구독서비스를 제공하다

국내 기업들이 빅데이터 분석 활용에 참고할 수 있는 성공 사례와 적용 모델을 전파하기 위해 정부 차원에서 빅데이터 분석의 활용을 적극 추진 중이다. 마인즈랩은 음성 분리·이미지 생성 등 최신 딥러닝 인공지능 엔진 애플리케이션 프로그래밍 인터페이스API 서비스를 시작했다. 인공지능 서비스 플랫폼AI as a Service Platform '마음AI'를 구독해 사용할 수 있도록 한 것이다. 매달 정기 구독 형태로 마음AI 비즈니스 플랜을 이용하는 고객은 마음AI에서 제공하는 모든 엔진 API는 물론 아카데미 참여, 전담 기술 지원, 커스터마이징 데이터 학습 지원 등을 한데 묶은 패키지 서비스를 받을 수 있다. 월 정기금액 9만 9,000원을 내면 API 기반으로 AI 기술을 손쉽게 끌어다 쓸 수 있다. 인공지능계의 넷플릭스인 셈이다.

기술 지원이나 파일 보관 같은 부가서비스도 제공하며, 클라우드 기반으로 운영해 언제 어디서든 서비스를 이용할 수 있다.

더블유쇼핑, 데이터 홈쇼핑 시대를 열다

미디어윌 그룹에서 운영하는 T커머스(데이터홈쇼핑)업체인 W쇼핑이 데이터 홈쇼핑 서비스를 실행 중이다.

TV 홈쇼핑에 양방향 데이터방송 기술을 적용한 이 서비스는 리모컨으로 직접 주문을 하거나 상품의 상세 정보를 열람해 주문할 수 있는 형태의 쇼핑이다.

T커머스 운영에서 발생하는 주문, 고객 등의 데이터를 빅데이터 기술을 적용하여 분석하고 그 결과를 시각화하여 상품 소싱, 편성, 고객 서비스 등에 활용하는 쪽으로 진화하고 있다.

W쇼핑은 10개 T커머스 업체 중 유일한 중소기업이지만, 대기업들 틈에서 경쟁력을 발휘하고 있다. 그 배경에는 'MCN 상품 큐레이터'라는 사업 전략이 숨어 있다. MCN 상품 큐레이터란 1인 방송에 상품 사용 후기 영상을 올려 소개하고 판매까지 연계하는 것으로, 미디어 커머스 분야의 취업, 창업을 희망하는 청년들을 대상으로 하는 뉴미디어

산업 일자리이기도 하다. MCN 상품 큐레이터는 체계화된 실습 교육을 거친 후, 서울산업진흥원SBA이 소개하는 우수 중소기업 상품의 홍보 콘텐츠를 기획, 제작하고 그렇게 제작된 콘텐츠로 바이럴 마케팅 활동을 실습하게 된다.

와이즈넛, AI 상담사를 선보이다

고객과의 소통이 강조되면서 기업 내 상담센터는 단순 업무 응대뿐만 아니라 없어서는 안 될 중요한 역할까지 도맡아 하고 있다. 와이즈넛은 고객센터를 최적화할 수 있는 AI 챗봇 '와이즈 아이챗WISE i Chat'을 서비스한다. 인공지능 챗봇이 사람을 대신해 고객 상담을 받고 고객의 궁금증을 해결해주는 도우미 역할을 하는 것이다. 어떤 조직이든 고객센터 운영 효율을 개선시키는 '고객 상담용 챗봇'과 어시스턴트를 통해 상담사의 업무 역량 및 효율을 개선시키는 '내부 업무용 챗봇' 등을 활용해 업무를 혁신할 수 있다.

LG생활건강, 화장 상태를 평가하다

LG생활건강은 데이터를 토대로 디지털 화장 평가 서비스를 시작했다. 스마트스토어 뷰티 편집숍 '네이처컬렉션'을 선보인 것이다. 이곳에서는 '오늘 나의 메이크업' 앱이 매장의 핵심 콘텐츠다. 앱으로 자기 모습을 촬영하면 인공지능이 화장을 분석해 내추럴, 러블리, 스모키 중 가장 가까운 콘셉트와 메이크업 완성도를 점수로 표시해준다. 또 베이스, 아이, 쉐이딩, 립, 아이브로우 등 다섯 가지 항목별 세부점수와 메이크업 노하우가 제공되며 보완점에 대한 정보와 함께 관련 제품도 추천해준다. '메이크업 디스플레이존'에서는 메이크업 노하우, 제품의 제형 및 발색과 관련된 디지털 콘텐츠를 체험할 수 있다.

아모레퍼시픽도 서울 신촌 아리따움 옴니스토어에 IT 기술을 활용한 '메이크업 미러' 서비스를 내놓았다. 고객의 피부 정보를 빅데이터로 만들어 각자의 피부에 알맞은 톤을 추천한다. 이 같은 서비스가 가능한 것은 메이크업 이미지 데이터와 점수 데이터를 만들기 위해 민낯 사진 800장, 메이크업 사진 3,200장, 필터를 입혀 가공한 이미지 데이터 4만 5,000장, 평가 점수 이미지 사진 3만 4,000장 등의 빅데이터를 분석했기 때문이다.

유라, 데이터 분석해 제조 생산성을 높이다

제조업 분야는 빅데이터 활용에 있어 대기업과 중소기업의 양극화 현상이 심각하다.

인쇄회로기판(PCB) 제조업체 유라는 딥러닝 기술 기반의 대용량 제조 데이터 분석 서비스 플랫폼을 선보였다. 중소·중견기업 제품(부품)의 품질 및 생산성 향상을 위하여 딥러닝 기술을 활용한 내용량 PCB 제조 4M(사람Man, 설비Machine, 자재Material, 방법Method) 데이터를 분석하고 활용할 수 있는 플랫폼을 개발한 것이다. 4M 데이터와 온도, 습도, 진동 등 작업 환경정보, 검사 영상정보를 융합 분석해 품질 향상을 추진하고 있다.

매일유업, 생산 에너지를 최적화하다

매일유업은 국내 식품업계 최초로 빅데이터를 활용한 시스템을 구축해 유가공 공정의 생산·에너지 최적화 및 품질 향상을 선도할 수 있게 됐다. 유가공 공장을 최고 수준의 스마트공장으로 만들기 위해 실시간 생산·에너지 빅데이터를 수집, 저장할 수 있는 시스템과 에너지 효율 및 공정 운전 최적화 분석을 통해 이를 사용자에게 알려주는 플랫폼을 구축한 것이다. 식품업종에 최적화된 빅데이터 플랫폼이다. 이를 통해 매일유업은 청양공장을 중심으로 충전 불량률 30% 감소, 생산성 10% 향상, 에너지 비용 10% 절감을 달성해냈다.

빅밸류, 깜깜이 주택 시세를 산정하다

빅밸류는 아파트에만 제공됐던 시세 정보를 국내 최초로 빌라, 소형 주택까지 확장했다. 부동산 빅데이터를 기반으로 그동안 객관적인 시세 평가에서 벗어나 있던 단독 다세대 주택의 시세 평가 시스템을 만든 것이다. 자체 개발한 빅데이터 기술로 정부 개방 공간정보를 분석한 인공지능 기술을 개발해, 2017년 2월 국내 최초의 빌라 시세 조회 플랫폼 '로빅'을 상용화했다. 이 플랫폼 덕분에 짧으면 3시간, 길게는 3일까지 걸리던 부동산 시세 평가 작업이 이젠 0.01초면 끝난다. 이로써 빌라 등 도시형 주택 248만 가구에 대한 부동산 정보와 시세, 나홀로 아파트 56만 가구와 단독주택 377만 가구, 27만 개 공장과 122만 개 집합상가 등의 데이터가 가격을 산정하는 데 기준 역할을 할 수 있게 되었다.

볼보, 무사고 차량에 도전하다

볼보VOLVO는 빅데이터를 활용해 사고 걱정이 없는 '드림카'에 도전하고 있다. 도로에서 볼 수 있는 대부분의 차량에 설치된 3점식 안전벨트를 1959년 세계 최초로 개발한 회사가 바로 스웨덴의 자동차 제조회사 볼보다. 당시 차량들의 속도는 평균 60km/h 정도에 불과했으니 안전벨트가 거의 모든 사고에서 탑승자의 사망을 막을 수 있었던 셈이다. 안전벨트는 지금까지 100만 명 이상의 목숨을 구했다는 평가를 받고 있다.

그러나 이후 기술이 발전하면서 차량의 속도는 점점 증가했고, 이에 맞춰 교통사고의 사망률도 점점 올라갔다. 3점식 안전벨트가 출시된 지 정확히 60년째인 2019년, 볼보는 '프로젝트 E.V.A'를 통해 다시 한 번 차량 안전 혁명을 일으킬 것을 선언했다. 이번에는 제조 기술이 아닌 빅데이터를 통한 혁명이다. 지난 1970년대부터 볼보는 사체 소사님을 꾸려 볼보 차량이 연루된 교통사고가 나면 현장으로 직원을 급파해 사고와 관련한 각종 데이터를 수집해왔다.

사고 당시의 교통 상황이나 도로 상황, 피해 규모, 사고 원인 등 거의 경찰이 조사하는 수준의 데이터를 수집했다. 이렇게 사고 건수 4만 3,000건, 피해자 7만 2,000명의 데이터가 수집됐다. 이 데이터를 바탕으로 세상에 나온 기술이 바로 경추 보호 시스템WHIPS, 측면 충돌 방지 시스템SIPS, 사이드 에어백과 커튼형 에어백 등이다.

프로젝트 E.V.A.에서는 앞서 언급한 방대한 데이터들과 연구 결과를 디지털 라이브러리를 통해 대중과 공공기관 심지어 경쟁사에게까지 공개하기로 했다. 데이터를 사회에 환원함으로써 거대 기업이 가져야 할 '노블리스 오블리주'를 실천하겠다는 취지다. 볼보만의 무사고 차량이 아닌, 전 세계의 '무사고 교통안전'을 추구하려는 노력이다.

이와 더불어 볼보는 음주운전, 졸음운전 등 운전자의 주의 소홀로 인한 사고를 예방하기 위한 '운전자 감시 시스템'을 개발 중이다. 차량 내부에 카메라와 센서를 설치해 운전자가 음주, 피로, 주의 산만 등으로 운전에 집중하지 못할 경우 강제로 차량 속도를 낮추거나 외부에 알리는 방식이다. 데이터와 AI로 만들어낸 볼보의 혁신이 누구도 부상당하거나 죽는 사고가 없는 시대를 열어줄 수 있을지 궁금하다.

본아빼띠, 데이터로 '명셰프'를 탄생시키다

데이터가 스타 셰프를 탄생시킬 날이 머지않았다. 미국의 유명 요리 월간지 〈본아빼띠Bon Appétit〉와 세계 최고의 인공지능 왓슨을 소유한 IBM이 손을 잡고 데이터에 기반한 AI 요리사 '셰프 왓슨Chef Watson'을 선보일 예정이다. 데이터를 기반으로 가장 맛있는 요리를 AI가 추천해주면 레시피대로 요리할 수 있는 어플리케이션이다. 본아뻬띠는 자신들이 소유한 수만 가지 요리법과 이 요리법에 따른 세부적인 요리 스타일, 요리에 대한 대중들의 반응 등 방대한 데이터를 왓슨에게 넘겼다.

IBM 역시 음식 간의 궁합, 재료의 궁합과 인간이 선호하는 맛에 대해 수집한 방대한 데이터를 왓슨에게 넘겼다. 이렇게 탄생한 셰프 왓슨은 이론상으로는 무한대에 가까운 요리법으로 요리를 만들어낼 수 있다. 건강이나 식이 조절을 위해 주재료를 제외하거나 대체해도 맛있는 요리를 완성하는 방법, 사용하고 남은 재료로 새로운 요리를 만드는 방법, 현지 재료나 계절 재료를 이용해 음식을 만드는 방법, 어린이를 위한 건강한 식단과 어린이 식습관 교육 등 셰프뿐만 아니라 각 가정의 주방에서 매일 같이 벌어지던 고민을 해결해줄 수 있다.

본아뻬띠와 왓슨은 셰프 왓슨을 통해 요리 시간의 효율적 사용과 음식쓰레기 감소라는 사회적인 효과를 기대하고 있다. 사람들은 틀에 박힌 요리법에서 벗어나 자신의 고유한 입맛을 위한 나만의 요리를 만들기 시작했다. 데이터 AI 셰프의 등장으로 인간 요리사가 사라질 날도 머지않았다.

데이터·AI,
과학 스포츠를 탄생시키다

빅데이터는 스포츠 세계를 바꿔놓고 있다

선수들의 기록은 물론 날씨, 요일, 상황 등에 따른 경기 결과 등 각종 데이터를 수집해 조건별로 재가공하면 경기 전략을 과학적으로 수립할 수 있다.

야구 경기의 경우 선수들의 특정 타격이나 수비 상황 등을 데이터베이스화해 선수별 장, 단점을 분석한 다음 대응 전략을 세워준다. 이를 통해 투수들이 요일별 기상 상태, 타자별 타격 성적이나 타격 특이사항 등을 토대로 좀 더 영리하게 볼을 던질 수 있다.

언더아머, 데이터로 다크호스가 되다

미국에는 나이키의 아성을 위협하는 스포츠 브랜드 '언더아머Under Armour'가 있다. 1996년 사업을 시작한 이 회사는 2014~2016년 글로벌 스포츠웨어 2위인 아디다스의 매출을 뛰어넘으면서 신흥 강자로 떠올랐다. 나이키-아디다스라는 양강 구도를 깨는 '다크호스'로 부상한 그 비결은 어디에 있을까. 다음 사례에 숨어 있는 '디지털 혁신'에서 해답을 쉽게 찾을 수 있다.

미국 뉴욕에 거주하는 회사원 마이클의 취미는 마라톤이다. 퇴근을 하면 그는 정장과 구두를 벗고 트레이닝복과 운동화로 갈아입은 뒤 센트럴 파크를 몇 바퀴씩 뛴다. 기다리던 마라톤 대회가 열흘 뒤로 다가왔기 때문이다. 그런데 마이클의 오른쪽 발목에 문제가 생겼는지 어딘가 불편한 감각이 조금씩 느껴졌다. 아직 아프거나 병원에 갈 정도는 아니지만 수십 킬로미터를 달려야 하는 마라톤을 하면 문제가 생기지 않을까 슬슬 걱정이 될 때쯤, 마이클의 스마트폰으로 알림 메시지가 한 통 도착했다.

"이번 마라톤 추천 상품: ○○런닝화, 발목 등 충격흡수 효과 탁월한 쿠션 장착"

마이클은 아직 어느 누구에게도 자신의 발목 상태를 말하지 않았다. 그렇다면 누가 보낸 메시지였을까. 마이클에게 메시지를 보낸 주인공은 언더아머였다. 언더아머는 빅데이터와 인공지능을 활용해 고객 개인에게 맞는 맞춤서비스와 실시간 서비스를 제공하고 있다. 후발주자로 출발한 언더아머는 시장의 승자가 되기 위해 스포츠 웨어에 디지털을 접목한 '커넥티드 피트니스Connected Fitness'라는 비전을 설정했다. 제품과 사람을 연결해 데이터를 수집할 수 있는 '언더아머 플랫폼(앱)'을 구축한 것이다. 이 앱을 통해 자사의 신발과 의류를 모든 디바이스, 모든 고객, 모든 채널, 커뮤니티와 연결Connect했으며, 제품에는 센서를 부착해 사용자의 호흡, 심박수 등을 측정해 스마트 워치에서 볼 수 있도록 했다. 나아가 데이터를 인공지능으로 분석해 온도 조절과 음악 등 고객 개개인에게 맞는 맞춤형 분석 데이터를 실시간으로 받아볼 수 있게 했다. 고객의 피트니스 정보와 웨어러블 기술을 연결하고 통합해 고객이 자사 제품을 통해 개개인의 건강 관리 목표에 얼마나 가까워지는지 실시간으로 열람하고 분석할 수 있도록 한 것이다.

이 같은 서비스를 위해 언더아머는 2억 8,000만 점의 셔츠, 신발, 액세서리를 플랫폼과 연동시켰다. 나아가 50개 회사가 만드는 400여 기기와도 연결했다. 그 결과 1,200만 여명의 사용자가 외부 기기를 사용해 플랫폼에 데이터를 쌓고 이를 연동시키고 있다. 200여 개 회사는 언더아머 플랫폼 데이터를 외부에 연동시켜 활용하고 있다.

플랫폼은 하나의 커뮤니티로 발전했고, 앱 사용자 수는 1억 6,000만 명으로 늘었다. 이 서비스의 효용성이 높아지자 고객들의 충성심까지 높아져 매출 상승으로 이어졌고 곧바로 브랜드 가치 상승으로 이어졌다. 디지털 혁신이 기업을 반석 위에 올려놓은 것이다. 사용자의 행동 패턴을 '클라우드'와 '빅데이터'로 연결하고 실시간 데이터 분석을 활용해 혁신을 이루어 낸 것이다.

그렇다면 이 앱에는 어떤 정보가 쌓이고 있을까. 매년 식사 기록 60억 건, 운동 기록 13억 건이 쌓이고 있다. 특히 달리기 기록 2억 건이 포함돼 있어 신발의 이력 관리를 철저하게 할 수 있다. 또한 사용자가 어떤 운동장비를 쓰고 있는지, 언제 교체했는지도 자세히 알 수 있다. 예를 들어, 달리기를 하는 사람은 뛰는 거리를 늘려가는 과정에서 여러 차례 신발 브랜드를 바꾸는 경향이 있는 것을 알 수 있다.

특히 '기어 트래커gear tracker'에 쌓인 데이터를 보면 사용자가 어느 정도 거리를 뛸 때, 혹은 누적 거리가 어느 정도 수준에 이를 때 신발을 바꾸는지 그 시점을 찾아낼 수 있다.

언더아머는 이 같은 데이터를 토대로 해당 시점에 소비자가 원할 만한 기능의 제품을 제안하고 있고, 사용자별 데이터를 토대로 개개인의 운동 패턴에 맞는 제품을 개발하는 것은 물론 사용자의 운동능력을 향상시킬 수 있도록 피드백까지 제공할 방침이다.

예를 들어 수면과 운동량과의 관계, 혹은 수면과 걸음걸이 수와의 관계를 파악해 운동을 더 잘할 수 있는 수면시간과 부상을 방지할 수 있는 운동시간을 추천할 계획이다.

이는 빅데이터의 중요한 기능 중 하나인 예측분석predictive analysis 기능을 강화하겠다는 구상이다. 축적된 데이터에 따르면 사용자들은 달릴 때마다 평균 3.1마일 정도를 달리고 남성과 여성의 달리는 패턴은 다른 것으로 나타난다. 여성이 달리는 빈도가 더 높고 화요일에 더 많이 달리는 경향이 있으며 날씨에 더 민감하게 반응한다. 반면에 남성은 여성보다 마라톤을 뛰는 빈도가 두 배나 더 많다. 이 같은 데이터를 토대로 언더아머는 소비자의 운동 패턴에 맞는 장비 개발까지 구상 중이다.

데이터, 야구장을 더 즐겁게 만들다

게임의 역사를 바꾼 감동적인 야구 영화 〈머니볼〉이란 작품이 있다. 2002년, 스타플레이어 중용과 코칭 스텝들의 직감으로 운영되던 미국 프로야구 메이저리그 시스템에 반기를 들었던 오클랜드 애슬레틱스의 단장 빌리 빈의 실화를 다룬 영화다. 빌리 단장은 돈 없고 실력 없는 오합지졸의 구단을 최고 수준의 팀으로 바꿔놓았다. 사생활 문란, 잦은 부상, 최고령 등을 이유로 외면 받던 선수들을 데려와 최고의 선수로 바꿔놓았다.

어떻게 이런 일이 가능했을까.

빌리 빈 단장은 선수들의 데이터에 주목했다. 선수들의 모든 능력을 데이터화해서 이를 토대로 선수를 배치하고 등용했다. 그 결과 빌리 단장은 메이저리그 연봉총액 최하위로 '거지 팀' 취급받던 애슬레틱스를 최고의 명문 팀으로 바꿔놓았다.

빅데이터와 인공지능이 경기에서 승리하는 데 도움을 주자 스포츠 업계가 빅데이터와 AI에 눈을 돌리고 있다. 가장 큰 변화 중 하나는 미국 메이저리그 사무국이 아마존 웹 서비스AWS의 클라우드와 협업을 시작했다는 점이다. 메이저리그 한 경기에서 발생하는 데이터(영상 포함)는 7TB 안팎, 한 시즌 메이저리그가 생산하는 데이터는 총 3만 3,600TB가 넘는다. AWS의 AI는 이 모든 데이터를 분석해 경기에 대한 심도 있는 결과를 내놓는다. 특정 선수가 휘두른 배트의 궤적, 던지는 공의 속도, 타구의 방향, 수비 위치 등 모든 것이 수치로 기록된다. 이러한 분석 결과를 통해 코칭스태프는 한 경기마다 선수들이 보여줄 플레이를 미리 예측하기도 하고, 구단은 선수들의 재계약을 위한 기초 자료로 활용하기도 한다.

메이저리그 구단들은 데이터와 AI의 활용에 있어 가장 발 빠르게 움직이고 있다. 피츠버그 파이리츠는 2015년 업계 최초로 빅데이터 전문가를 구단 직원으로 채용했다. 상대 팀 전략을 하나하나 데이터로 예측하고, 피츠버그의 선수들은 그 데이터를 바탕으로 효율적인 결과를 도출해내고 있다. 휴스턴 애스트로스 역시 데이터에 기반한 전력분석 전문가를 고용한 뒤 2017년 월드시리즈 우승컵을 거머쥐었다. 세간에선 이를 두고 '빅데이터가 만든 우승'이라는 말까지 나오고 있다. 경기 분석뿐만 아니라 구단 마케팅에도 빅데이터가 활용되고 있다. 야구팬들은 스마트폰을 활용해 경기 입장권을 사고, 신용카드로 핫도그와 구단 기념품을 산다. 이 모든 것이 데이터로 쌓여 자연스럽게 타깃 마케팅을 위한 데이터로 활용되고 있다.

예컨대 보스턴 레드삭스의 경우 팬이 야구장에 와서 어디에 앉고, 뭘 먹고, 어디로 가서, 어떤 기념품을 사는지 기록하는 '히드 맵' 프로그램을 개발했다. 보스턴은 이 프로그램을 통해 팬들이 원하는 간식은 뭔지, 원하는 기념품은 뭔지 등을 분석해 구장 상점의 상품을 재배

치한다. 팬들은 자신들이 원하는 서비스가 갖춰진 구장에서 더 재밌는 야구를 즐길 수 있다.

축구공도 데이터화 된다

지난 2015년 말 프로 축구 팀 포항 스틸러스는 연봉 협상을 아주 빠르게 마무리했다. 빅데이터를 기반으로 한 연봉 평가 시스템을 도입했기 때문이다. 포항은 출장횟수와 시간 그리고 골과 어시스트를 기준으로 지난 10년간 축적한 기록과 영상 등의 데이터를 분석한 결과를 바탕으로 연봉 협상을 실시했다.

통계 스포츠라고 불리는 야구뿐만 아니라 축구 종목에도 빅데이터 바람이 불고 있다. 2014년 브라질 월드컵에서 우승국이 된 독일 대표팀 역시 빅데이터를 분석해 정상에 올랐다고 한다. 당시 독일 축구대표팀은 소프트웨어 업체 SAP와의 협업을 통해 빅데이터 솔루션을 축구에 적용시켰다. 모든 선수들의 유니폼과 무릎보호대, 어깨 등에 센서를 달아 개개인의 움직임을 저장해 선수들조차 몰랐던 플레이스타일을 분석해냈다. 감독은 선수들의 이 같은 특성을 토대로 전략과 전술을 짰다. 그동안 감독과 코칭스태프의 경험과 직관으로 수립됐던 전술은 완전히 다른 방식으로 다시 태어났다. 지금은 전술과 선수별 전략 수립, 훈련까지도 빅데이터를 기반으로 진행되고 있다. 빅데이터가 선수의 경쟁력을 높이고 대회를 승리로 이끌 수 있는 무기가 되고 있는 것이다.

축구공에도 빅데이터가 도입되고 있다. 아디다스는 센서가 내장된 '스마트 축구공'을 선보였다. 스마트 축구공은 킥의 강도와 궤도 그리고 회전과 정확성 등을 측정해 선수에게 알려준다. 아디다스가 제작한 '텔스타 18'에는 '근거리 무선 통신 기술'인 NFCNear Field Communication 칩이 들어 있어 가까운 거리에서 무선 데이터를 주고받을 수 있다. NFC 칩을 통해 관중과 시청자들에게 공의 슈팅 속도와 회전수 등 더 많은 정보를 제공해 경기를 더 흥미롭게 관전할 수 있다. 또한 스마트폰과도 연계해 데이터를 교환할 수 있다.

독일 회사 카이로스 테크놀로지Cairos Technologies와 프라운호퍼 IC 연구소Fraunhofer Institute for Integrated Circuits에서 개발한 스마트볼smartball 역시 RFID가 장착돼 있다. 경기장 곳곳에 설치된 센서는 실시간으로 공의 위치를 정확하게 추적하고 공이 골라인을 완전히 넘어갔는지를 알려준다. 센서가 수집한 정보는 정확성을 요구하는 심판들의 장비로 1초 안에 전달된다.

빅데이터,
지구를 읽어낸다

고대 그리스 철학이 꽃피던 시절부터 자연은 인간에게 두려움보다는 해석의 대상이었다. 대항해시대를 거치며 마침내 인류는 지구의 모든 곳에 깃발을 꽂았고, 정보화 혁명을 통해 전 세계를 실시간으로 연결할 수 있었다. 그러나 인간이 완벽히 독해해내기에 지구는 너무나 광활했다. 심해부터 깊은 산골짜기까지 가야 할 곳도 봐야 할 것도 너무 많았기 때문이다. 그러나 4차 산업혁명은 GPS와 IoT, 빅데이터, AI를 동원해 지구에 숨겨져 있는 수많은 것들을 읽어내고 있다.

빅데이터, 석유 시장의 감시자가 되다

19세기 후반, 스코틀랜드의 기술자 제임스 와트가 증기기관을 발명하면서 인류는 산업혁명을 꽃피웠다. 이후 에디슨이 전등을 발명하고 다임러가 가솔린 자동차, 디젤이 디젤기관을 발명하면서 20세기 석유의 시대가 시작됐다. 그리고 지금까지 석유는 인류 문명 유지를 위한 절대적인 역할을 하고 있다. 하루 동안 전 세계에서 사용되는 석유는 총 1억 배럴로 돈으로 치면 약 55억 달러, 우리 돈 6조원 규모다 (2019년 10월 11일, WTI 기준).

하지만 석유는 몇몇 축복받은 국가에서만 생산되고 있다. 이런 비대칭성 때문에 석유 가격은 완전히 자유 시장에 맡겨지는 것이 아닌 일부 산유국들의 모임인 OPEC이라는 국제기구에서 결정된다. OPEC은 각 국가가 발표한 석유 추출량을 바탕으로 무역량을 조절해 석유 가격을 적절히 통제한다. 문제는 OPEC 회원국들이 자신들이 추출한 석유의 양을 '정직하게 공개'해야 한다는 점이다. 공개된 추출량으로 정확한 가격을 결정하기 때문에, 특정 국가가 추출량보다 더 적은 수치를 공개할 경우, 그 차이만큼 암시장이 생긴다거나 하는 등의 부작용이 나타날 수밖에 없다. 비대칭적 시장이 가지는 흔한 한계다.

그런데 이 우려가 실제로 벌어졌다. 지난 2017년 11월 파이낸셜타임즈(FT)가 "세계 최대 산유국인 사우디아라비아가 2016년부터 발표량보다 2배 정도 많은 석유를 추출했다"고 폭로한 것이다. FT는 어떻게 이 사실을 알아차렸을까. FT의 취재원은 강력한 공공기관도, 대기업도 아닌 '오비털 인사이트'라는 미국의 스타트업이었다.

오비털 인사이트는 실시간으로 전 세계를 촬영하고 있는 인공위성의 데이터를 활용했다. AI를 활용해 인공위성들이 촬영한 사진에서 원유저장탱크를 골라내고, 이를 다시 분석하는 작업을 통해 석유 추출량을 알아낸 것이다.

석유는 산소와 만나면 산화하기 때문에 원유 저장탱크의 지붕은 내부에 들어 있는 석유량에 맞춰 매일 위치가 변한다. 탱크에 석유가 가득 차게 되면 그에 맞춰 탱크 지붕이 꼭대기까지 올라오고, 만약 석유가 비게 되면 지붕이 아래로 내려가는 방식이다.

그렇다면 지붕의 위치에 따라 각기 다른 모양의 그림자가 생기게 된다. 오비털 인사이트의 AI는 이 그림자를 분석해 특정 국가가 현재 보유하고 있는 석유량을 실시간으로 파악하는 방식을 사용했다. 지금까지 방대한 양의 영상, 사진 데이터를 학습한 AI가 원유 저장탱크와 지붕의 그림자를 정확히 측정해낸 것이다. 오비털 인사이트는 2016년에도 같은 방식을 통해 중국의 원유 생산량과 저장량이 발표한 것보다 4배 더 많다는 사실을 밝혀낸 바 있다.

세계 최대 원유 소비국인 중국의 원유 비축량은 세계 석유가격에 지대한 영향을 미치는데, 오비털 인사이트는 이런 분석을 통해 세계 석유시장에 경종을 울린 셈이다.

오비털 인사이트는 자신들의 기술을 원유 저장탱크를 추적하는 데만 국한하지 않고, 요즘에는 유명 마트 체인점들의 주차장 사진을 분석 중이라고 한다. 주차된 차량의 수로 매장의 매출 추이를 살피는 프로젝트다. 매 순간 업데이트되는 전 세계의 위성 사진을 일일이 분석하려면 약 80만 명이 필요하다고 한다. 오비털 인사이트의 분석 AI가 등장하기 전까지는 많은 기관들이 찍어놓고도 못 쓰는 사진이었던 셈이다. 헤

지펀드뿐만 아니라 일부 정보기관도 오비털 인사이트에서 정보를 제공받는 이유다.

양식장, 물고기 얼굴까지 인식해 관리한다

노르웨이수산물위원회NSC는 양식장에서 키우는 모든 연어에 대해 '연어 여권Salmon Passport'을 만들어 까다롭게 품질을 관리하고 있다. 정보통신기술과 인공지능 등 최첨단 기술을 도입해 스마트 연어 양식 시스템을 구축했다. 이를 통해 연어 사육부터 가공, 포장, 운송까지 모든 과정을 자동화했다.

연어 양식회사 세르맥 그룹은 빅데이터와 AI를 활용해 연어의 얼굴을 인식하는 기술을 개발해 모든 연어를 디지털로 관리한다. 아무리 봐도 다 똑같아 보이는 연어의 얼굴을 어떻게 분석하는 걸까? 방법은 이렇다. 연어는 이따금씩 몸의 평형을 관리하는 부레의 부력을 조절하기 위해 수면으로 올라온다. 이때 세르맥은 3D레이저 스캐너로 연어의 얼굴을 하나하나 포착하고 생김새를 구분해 데이터를 저장한다. 사람의 눈으로 구분하기는 힘들지만 연어의 눈과 입 아가미 주변에 있는 점의 분포가 각 개체마다 모두 다르다는 점을 이용한 것이다.

이 점들의 분포는 연어의 신분증처럼 저장된다. 세르맥 그룹은 이를 '연어 여권'이라고 부르고 한 마리 한 마리 철저히 관리한다. 세르맥은 이 '연어 여권'을 통해 연어의 질병, 특히 '바다 이sea lice'에 감염됐는지를 관리한다. 심각한 전염성을 가지고 있는 이 질병은 연어뿐만 아니라 양식 물고기 대부분의 집단 폐사 원인이 되고 있다.

매년 전 세계에서 이 '바다 이'로 인해 발생하는 피해만 10억 달러로 추정된다. '바다 이'에 걸린 물고기의 얼굴에는 갈색 반점 여러 개가 오돌토돌하게 올라오게 되는데, 이미 연어의 얼굴을 저장하고 있는 '연어 여권' 시스템이 이 반점이 생긴 물고기를 걸러낼 수 있도록 돕고 있다. 이 시스템으로 감염된 연어를 조기에 발견해 격리하면 연어 폐사율을 50~75%까지 줄일 수 있다.

노르웨이는 양식장을 각종 센서와 5G망, 4K카메라로 무장된 '스마트 양식장'으로 변신시키고 있다. 차세대 외해 양식용 해상플랫폼 '오션팜 1호Ocean Farm 1'에는 2만여 개의 사물인터넷 기반 센서가 설치돼 있다. 노르웨이는 이를 통해 고영양식의 사료 식단을 만들어 이를 컴퓨터로 계량해 자동으로 공급하고 있다. 수온과 산소 농도, 산성도까지 실시간 측정해 물고기의 생장에 필요한 최적의 환경을 제공하고 있다. 수중 카메라는 촬영된 연어의 움직임을 실시간으로 관찰해 사료 공급량을 조절하는 데 도움을 준다.

어장 관리자는 스마트폰이나 컴퓨터를 통해 언제 어디서든 연어 양식장을 모니터링하고 수질을 관리할 수 있다. 5G 기술은 좀 더 빠른 속도로 연어 등 양식 어종들의 수많은 성장 데이터를 분석하는 데 도움을 주고 있다. 이제는 데이터를 기반으로 알에서 성체가 될 때까지 3년 동안 성장에 필요한 풍부한 영양분을 적기에 공급해 고품질 물고기를 생산할 수 있게 된 것이다.

빅데이터,
사망시점까지 예측한다

구글, 데이터로 질병을 진단한다

오랜 기간 동안 세계 최대의 검색 엔진 기업으로 군림하고 있는 구글이 4차 산업혁명 시대에도 선두 기업이 될 준비를 마쳤다. 빅데이터와 AI 부문에 천문학적인 투자를 통해 완전한 데이터 기업으로 거듭나고 있다.

구글은 빅데이터를 활용해 헬스케어 산업의 미래를 바꾸고 있다. 구글은 영상 등 데이터를 학습시켜 질병 진단과 예측 정확도를 높이는 AI 알고리즘을 개발하고 있다. 대표적인 질병 진단이 당뇨 합병증인 '당뇨성 망막병증'이다. 이 병은 조기에 진단하면 치료가 가능하지만, 시기를 놓치면 실명의 위험이 있다. 미국에만 환자가 420만 명에 달한다.

구글은 AI 개발 방식인 '딥러닝'을 적용해 인도와 미국 안과 의사 54명이 판독한 12만 8,000개의 망막 영상을 학습시켰다. 그 결과 AI가 일반 안과 의사를 넘어 망막 전문의와 유사한 95% 수준으로 정확하게 진단할 수 있게 됐다. 이 진단 시스템은 이미 인도에서 임상 시험에 사용할 정도로 인정받고 있다.

AI, 심혈관질환도 예측한다

임상 실험과 진료 기록이 만들어낸 방대한 양의 빅데이터는 질병 예측도 가능하게 해주고 있다. 인공지능이 빅데이터를 정리하고 필요한 정보만 선별해 의사가 환자를 더욱 잘 이해할 수 있는 정보를 제공하고 있다. 이를 통해 실명 예방, 암 진단, 심혈관 질환 예측 등의 정확도를 높이고 있다.

구글은 암 진단에 AI를 적용했다. AI로 이미지 분석 학습을 수행한 결과 유방암을 95% 수준의 정확도로 진단해 73% 수준인 일반 병리학자보다 높은 정확도를 보였다.

현재 유방암 진단 시 의사가 암 전이 여부를 확인하려면 현미경으로 림프절 조직 검사를 하는데, 한 슬라이드에 10기가가 넘는 픽셀이 있어 건초 더미에서 바늘을 찾아내는 식이라 진단이 쉽지 않다. 하지만 구글은 AI 모델을 활용해 유방암 검사 정확도를 크게 높일 수 있도록 했다. 이로써 AI가 인간 의사를 대체할 수도 있음을 예고하고 있다.

구글은 나아가 AI로 개인의 나이, 흡연, 병력 등 위험요소를 분석해

5년 내 심혈관 질환 발생 가능성을 70%의 정확도로 예측해낼 계획이다. 유방암에 대해서도 인간 의사가 놓친 암 발병 환자를 99% 정확도로 탐지해내고 있다.

구글은 여기서 한 발 더 나아가, 현대 의학이 감히 넘보지 못했던 영역으로 눈을 돌리고 있다. 바로 '신의 영역'으로 불리는 죽음이다. 2018년 구글은 스탠퍼드 종합병원과 루실 패커드 아동병원과 업무 협약을 맺고 환자 20만 명의 데이터를 확보했다. 이 가운데 16만 명의 데이터를 AI에 학습시켰고, 나머지 4만 명의 환자를 대상으로 1년 내 사망 확률을 예측하는 프로젝트를 진행했다. 예측 정확도는 놀랍게도 90%를 훌쩍 넘었다. 여기에 입원 기간 예측 정확도마저 86%로 매우 높았다. 바야흐로 죽음마저 데이터가 예측하는 시대가 오고 있는 것이다.

현재 급성 신장 손상 예측 알고리즘을 집중 연구하고 있는 구글은 미국 보훈부와 손잡고 각종 응급 사태를 사전에 감시할 수 있는 예측 시스템 개발에 박차를 가하고 있다. 과연 의학의 미래는 AI에 달려 있는 것일까. 구글은 의학 분야에서 AI가 인간을 완벽하게 대체하는 것은 불가능할 것이라며 선을 그었다. 그렇지만 인간 의사들은 급변하는 환경 속에서 환자에게 정말 도움이 되는 AI를 골라 활용하는 능력을 키워야 할 것이라고 강조하고 있다.

AI,
새로운 미래를 열다

AI, 생명과학의 난제를 해결하다

앞으로 AI는 빅데이터를 분석한 딥러닝을 통해 인류의 난제들을 하나씩 해결하게 될 전망이다. 그렇다면 현재 마이크로소프트가 개발한 AI를 활용해 어떤 일이 일어나고 있을까.

글로벌 제약회사 노바티스Novartis는 수많은 과학 데이터를 빅데이터화해 인공지능과 함께 황반변성macular degeneration, 세포 및 유전자 치료 연구는 물론 이미지 분석, 신약 개발 등을 추진 중이다.

미국 석유회사 셰브론Chevron은 AI로 데이터 관리를 자동화했다. 셰브론은 수년에 걸쳐 데이터 추출 작업을 수기로 진행하면서 시간과 인력에 많은 자원을 쏟았지만 오류도 심각했다. 그러나 애저 코그니티브

134

서비스Azure Cognitive Service인 폼 레코그나이저Form Recognizer와 함께 'UiPath' 로봇 프로세스를 도입하면서 데이터 추출 과정을 자동화했다. 이제 직원들은 보다 생산적인 업무에 집중하면서 업무 효율과 생산성을 높일 수 있게 됐다.

'스튜어드 헬스케어Steward Healthcare'는 AI 기술을 통해 환자가 얼마나 오래 입원할 것인지를 예측하고 있다. 환자 가족은 이를 토대로 환자 관리 계획을 세울 수 있다. 또한 치료에 도움이 될 수 있는 환자 관리 방법과 치료 기술을 알려주기도 한다. 그 결과 연간 4,800만 원 가량의 비용을 절감할 수 있었다.

나아가 해당 시스템을 통해 평균적으로 환자들의 입원 기간을 하루 반 이상 단축시켜 병원 수익을 높일 수 있게 됐다. 환자들도 AI가 제공하는 향상된 병원의 케어 서비스 덕분에 만족도가 높아졌다.

AI, 생산·유통·판매의 전 과정을 관리하다

스타벅스는 '애저 블록체인' 기술로 유통망과 품질 관리의 투명성을 높이고 있다. 또한 '애저 IoT 센트럴Azure IoT Central'을 통해 커피머신의 정보를 수집해 최적의 품질을 유지하고 있다. 마이크로소프트가 개발한 클라우드 기반 AI 기술을 도입한 어플리케이션을 통해 고객 맞춤형 메뉴 추천 서비스인 '딥 브루Deep Brew'를 제공한다. 칩셋 형태의 '애저 스피어Azure Sphere'로는 커피머신 정보를 중앙 클라우드로 신속하게 전송하고 소프트웨어 업데이트도 동시에 배포하고 있다.

AI, 1차 산업을 개선하다

인도 남동쪽 해안에 있는 안드라 프라데시Andhra Pradesh는 마이크로소프트의 ICRISAT와 함께 AI를 활용해 농작물 생산량을 늘리는 파일럿 프로젝트를 진행했다.

30년 이상의 기후 데이터를 실시간 날씨 정보와 결합해 최적의 파종시간, 깊이, 적용할 분뇨의 양 등에 대한 분석 결과를 토대로 'AI 소우잉 앱Sowing App'을 만들었다. 이 앱을 통해 문자 메시지로 정보를 제공받은 농부는 비교 대상군이었던 3주 일찍 파종을 시작한 농부보다 핵타르당 30% 더 많이 수확할 수 있었다.

일본에서 전통적으로 중요한 행사 때 먹는 좋은 음식으로 여겨져 왔던 도미Red Sea Bream는 최근 일상에서 즐겨 찾는 음식이 됐다. 그러나일본의 노령화 추세와 맞물려 기술을 갖춘 양식업자를 찾는 것이 점점어려워지고 있다.

이에, 킨다이대학 수산양식연구소Kindai University's Aquaculture Research Institute 기술센터의 타니구치Taniguchi 팀에서는 마이크로소프트의 애저머신러닝 스튜디오Azure Machine Learning Studio와 애저 사물인터넷 허브Azure IoT Hub를 활용한 자동화 분류 시스템을 개발했다. 이 시스템 개발로 크기에 따라 어류를 손수 분류하던 작업자들이 일을 더욱 간편하고 효율적으로 처리하고 있다.

AI, 인간과 교류하다

미국 워싱턴의 마이크로소프트 건물에는 실시간 AI로 작동하는 구조물이 설치돼 있다. 이 구조물은 3D 프린팅된 노드, 섬유 유리막대, 디지털 직물로 만든 2층 형태이다. 특이한 것은 AI 기술을 활용하여 직원들의 얼굴 표정과 소음, 음성의 높낮이, 언어에서 수집한 데이터를 색과 빛, 안무로 변환해주는 것이다.

AI로 고대 불상의 감정을 해석하는 기술도 등장했다. 일본 나라현의 1,200년 된 아수라 불상은 왼쪽에서 보면 행복한 표정 같지만, 오른쪽에서 보면 슬픈 얼굴인 듯 미스터리한 모습이다. 나라대학교의 세킨 교수팀은 애저 코그니티브 서비스 페이스 API를 활용해 약 200여 개의 불상 이미지를 분석한 다음, 분노anger, 경멸contempt, 혐오disgust, 두려움fear, 행복happiness, 중립적neutral, 슬픔sadness, 놀람surprise 등 8개의 감정이 담겨 있음을 확인했다.

전 세계 어린이 160명 중 1명의 어린이가 ASD, 즉 자폐증 스펙트럼 장애로 고생하고 있다. 마이크로소프트가 지원하는 I테라피iTherapy는 인공지능 기반 앱인 이너보이스Inner voice와 함께 자폐증 관련 언어 문제 해결을 위해 노력하고 있다. 이 앱은 언어와 표현에 어려움을 겪는 아이들을 돕기 위해 슈퍼 히어로, 강아지, 박제 동물, 사람들의 아바타를 애니메이션으로 만들어 의미 있는 단어와 대화를 나누고 연습할 수 있도록 하고 있다.

PART

4

데이터·AI,
국민의 삶을 혁신하다

빅데이터로
경보하고 대피한다

빅데이터가 재난 상황을 알리고 시민의 생명을 지켜주는 '지킴이'가 되고 있다. 빅데이터는 태풍의 경로나 지진 발생을 미리 경고해주고, 화재 발생 가능성이나 범죄가 일어날 가능성도 통보해준다. 뿐만 아니라 전염병 확산을 막고 그 예방법까지 알려주고 있다.

날씨, 60개월 이후 기상정보 예측

기상 정보에 데이터를 가장 활발하게 활용하는 국가는 미국이다. 미국 국립해양대기청NOAA, National Oceanic and Atmospheric Administration과 국립기상청NWS은 위성과 선박, 항공기 등에 센서를 장착해 매일 35억 개 이상의 데이터를 수집하고 있다. 미국 전역에 있는 350여 명의 전문가들은 이 데이터를 토대로 자료를 종합하며, 이렇게 수집된 정보는 미국 전역에서 다양하게 이용하고 있다. 미국 국방부와 항공우주국NASA 등 정부와 공공기관은 물론, 민간에서도 이 데이터를 활용하고 있다.

미국의 오바마 정부는 2014년 3월, 대량의 기후 데이터 활용을 목적으로 하는 '기후 데이터 이니셔티브Climate Data Initiative'를 발표했다. 이는 많은 양의 기상 관련 데이터를 분석해 예측의 정확성을 높이고, 기후 변화에 따른 피해를 최소화하려는 것이 목적이었다.

데이터, 지진을 극복하다

스마트폰에 경보 메시지가 울린다. 놀란 시민들은 황급히 비상구를 따라 건물을 빠져 나오거나 안전지대로 피신한다. 그리고 정확히 23초 뒤에 지진이 엄습한다. 미국지질조사국USGS이 개발한 지진 조기 경보 시스템 '셰이크얼러트ShakeAlert'가 만들어낸 실제 시나리오다.

지진을 완벽하게 예측하는 것은 현재 기술로는 불가능하다. 과학자들은 그 대안으로 GPS 정보를 분석해 지진을 조기에 경보하는 기술을 개발해왔다. 미국, 멕시코, 일본에서는 범지구위성항법시스템GNSS을 구축해 지진 발생 시 땅의 흔들림을 관측해 경보하고 있다.

지진 예측을 연구하는 대표적인 기관인 미국의 지질조사국은 스마트폰의 센서를 활용해 지진을 예측하는 시스템인 '셰이크얼러트'를 개발했다.

지진은 먼저 도착하는 P파와 잇따라 도착하는 S파로 나뉜다. 지진의 큰 피해는 대개 S파에서 이뤄진다. S파는 이동이 느리지만 훨씬 강력해 큰 피해를 주기 때문에 먼저 오는 P파로 S파를 예측해 대비한다면 지진으로 인한 피해를 줄일 수 있다. 연구진은 사람들이 각자 휴대하고 있는 스마트폰의 센서에 주목했다. 지진이 발생하는 순간 스마트폰의 GPS가 한꺼번에 지진의 진앙 쪽으로 휘청인다는 사실을 발견한 연구진은 실험을 통해 진앙의 위치를 정확하게 찾았다. 동일본 대지진이 일어났을 때 이 방법을 적용하여, S파가 도쿄에 도착하기 23초 전에 경보를 발령할 수 있었다. 이 연구는 지진 경보에 스마트폰 빅데이터가 활용된 첫 사례로, 2015년 4월 학술지 〈사이언스 어드밴스〉에 실렸다.

지진 이후 사람들의 대피 패턴을 분석하는 연구도 빅데이터를 통해 이뤄지고 있다. 일본의 과학자들은 2011년 동일본 대지진 이후 '프로젝트 311'을 수행했다. 이 프로젝트에는 구글과 트위터, 일본 언론사인 NHK와 아사히신문, 혼다, 지도업체 젠린 등 11개 기관에서 500명이 넘는 전문가가 참여했다.

일본 도호쿠대학의 재해 과학 국제연구소는 동인도 대지진 발생지역 주민들의 스마트폰 GPS 정보와 일본 기상청이 제공한 쓰나미 정보를 분석해 주민들이 시간대별로 어떻게 대피했는지를 추적해 분석했다. 그 결과 쓰나미가 지진 발생 이후 40분 만에 해안가에 상륙했지만, 그 시점에 침수 지역에 남아 있는 사람이 52만 명이나 됐다는 사실을 밝혀냈다. 해안지대에 있던 사람들의 절반 정도는 지진 이후에도 그 부근을 떠나지 않았고, 이로 인해 이와테현 해안지대에 남았던 사람의 70%가 사망한 것으로 조사됐다. GPS 정보를 분석한 연구팀은 주민들이 특히 인근 대피소에서 사망했다는 사실을 알게 됐다. 이 연구를 수행한 이마무라 후미히코 교수는 "쓰나미 대피소를 해안에서 멀리 떨어진 곳이나 지대가 높은 곳에 마련해야 한다는 사실을 일깨워 준 결과"라고 설명했다.

'프로젝트 311'에서는 혼다자동차의 내비게이션 데이터를 이용해 쓰나미 당시 사고 차량들의 주행 시간과 이동 경로도 분석했다. 쓰나미 당시 미야자키현의 이시노마키시에서는 4,000명 넘게 사망했다. 내비게이션 데이터를 분석한 결과 사고 발생 시점에 이시노마키시의 다리와 도로에 거대한 '교통 정체gridlock'가 발생하는 바람에 차들이 어느 방향으로도 빠져나가지 못해 피해가 커졌다는 사실을 확인했다. 연구팀은 "재난에 대비해 교통을 설계하는 것이 얼마나 중요한지 말해준다"라고 이 결과를 설명했다.

빅데이터는 재난 후에도 구조 활동을 돕는 역할을 한다. 2013년 11월에 발생한 필리핀 하이엔 태풍 구호 활동을 벌일 때는 트위터에서 '도움, 피해, 의료품 부족' 같은 키워드를 분석해 구호물자가 필요한 지역과의 최단거리 경로를 지도로 작성했으며, UN은 이를 활용해 구호 활동을 진행했다.

빅데이터, 화재를 예측하다

화재 예측에도 빅데이터가 이용되고 있다. 미국 뉴욕시는 건물 화재 위험 기반 검사 시스템RBIS '파이어캐스트firecast'를 구축했다. 뉴욕시는 이 시스템을 통해 뉴욕에 있는 33만 개 빌딩의 화재 가능성을 예측할 수 있게 됐다. 2007년 뉴욕 도이치은행 건물에서 발생한 대형 화재 진압 과정에서 2명의 소방관이 순직한 것이 이 시스템을 만든 계기였다. 당시 뉴욕시의 건축물 화재 점검은 각 소방서마다 기준이 달랐다. 또한 수집한 화재 관련 자료 대부분이 종이 문서였고, 건물 내부에 대한 정보도 부족했다. 그렇다고 뉴욕시 전체에 있는 33만 개의 빌딩을 전수 검사할 수도 없었다. 뉴욕시는 우선 뉴욕시 건물의 10%를 대상으로 건축연도와 스프링클러 유무, 사고발생 이력 등 64개 요소에 대한 체크리스트를 작성했다. 그리고 이 데이터를 관리하기 위한 시스템CBIDAS을 개발해 건물 화재 점검 정보와 각 소방서 및 다른 기관들의 관리 정보를 통합적으로 관리했다. 수집된 데이터를 통해 건축물 화재 위험도 랭킹 모델도 만들었다. 주요 화재 위험 건물 데이터에 대해서는 시각화 서비스도 제공했다. 소방관과 경찰관은 매주 순찰을 나갈 때마다 데이터를 측정해 정기적으로 업데이트했다. 이렇게 축적된 소방 데이터는 결국 뉴욕의 33만 개 빌딩에 대한 화재 예측 가능성을 높였고, 더 나아가 알고리즘이 적용된 데이터 마이닝을 통해 화재 발생 가능성이 높은 건물을 추려내 퇴소 조치까지 하는 수준에 이르렀다.

데이터, 질병을 막다

구글은 빅데이터를 활용해 '독감 예보' 서비스를 제공하고 있다.

구글 사이트를 이용하는 사용자들이 '독감'이나 '인플루엔자' 같은 독감 관련 어휘를 검색하는 빈도를 분석해 보건당국보다 더 빨리 독감의 이동 경로와 확산 속도를 예측할 수 있었다. 구글이 제공하는 독감 트렌드 예측치는 실제 미국의 독감 확산 데이터 수치와 정확하게 일치한다. 미국인들은 구글이 제공하는 '독감 유행 예보'를 보고 스스로 감기를 예방하고 있는 것이다.

데이터는 질병 확산을 막는 역할도 한다. 건강보험심사평가원은 의약품 처방전 약 51억 건과 진료기록 2조 9,000억 건의 빅데이터를 활용해 '환자 안전 조기 이상감지 시스템'을 구축했다. 평가원은 '의약품 안전사용 정보시스템(DUR)'을 통해 전국 병·의원으로부터 전 국민의 진료 내역을 가장 빠르게 수집해 보유하고 있다. 의사가 처방 단계에서 환자의 처방 정보를 평가원에 전송하면 환자의 과거 투약 이력과 안전 정보 기준을 확인해 문제 여부를 0.5초 이내에 의사에게 제공해주고 있다. 대부분의 보건의료 기록은 대개 사후에 수집되지만, DUR은 세계에서 유일한 '실시간' 확인 시스템이다. 하지만 DUR에는 질병코드 즉 진단명이 포함되지 않는다. 빅데이터는 이 같은 취약점을 극복할 수 있도록 도움을 주고 있다. 감염병의 실시간 발생 현황을 지리정보 시스템(GIS) 기반으로 지역별로 매핑해 시각적으로 모니터링할 수 있도록 한 것이다. 이로 인해 처방 패턴 중 감염병 의심 사례와 의심 지역에 대한 집중 모니터링은 물론, 발원지역 추적, 환자 거주지 정보와 연계한 감염병 확산 경로 예측이 가능해졌다.

146

빅데이터, 범죄를 예방하다

빅데이터는 범죄가 일어날 가능성이 높은 지역에 미리 경찰을 대기시킬 수도 있다.

미국 캘리포니아 주립대의 제프리 브랜딩엄 교수 연구팀은 빅데이터를 이용해 범죄 예측 프로그램 '프레드폴PredPol'을 만들었다('프레드폴'은 예측 치안Predictve Policing의 준말이다). 이 프로그램은 범죄 정보를 분석해 10~12시간 후 범죄가 일어날 시간과 장소를 예측할 수 있다.

프레드폴은 2011년 6만 명이 사는 미국 캘리포니아 산타크루즈 경찰국SCPD에 처음 도입돼 큰 성과를 냈다. 이 프로그램은 지도 위에 붉은색 사각형의 레드박스로 범죄 가능성이 가장 큰 지역을 예측한다. 그날그날 범죄 발생 가능성이 가장 큰 $152.4m^2$ 구역 15군데를 붉은색 사각형으로 지도에 표시하는데, 10시간 단위로 새로운 레드박스를 업데이트한다. 이 지역에 프레드폴을 도입한 후 절도 11%, 강도 27%, 폭행사건 9%가 감소했다. 프레드폴은 로스앤젤레스 경찰국LAPD에도 도입되었고 주변 지역으로 확산되고 있다. 이처럼 과거 경찰의 직관에만 의존하던 범죄 발생 예측이 빅데이터 기반의 객관적 예측으로 바뀌고 있다. 빅데이터 기반 예측은 순찰을 통한 방법보다 더 효과가 크다고 보고되고 있다.

범죄 예측 가능성을 대중에 널리 알린 것은 영화 〈마이너리티 리포트〉다. 2002년에 제작된 이 영화는 2054년의 미국 워싱턴DC를 배경으로 범죄 예측 프로그램인 '프리크라임'이 미래에 발생할 범죄를 예견하는 내용을 다루고 있다. 이 같은 영화 속 이야기가 점차 현실이 되어 가고 있다. 범죄를 예측할 수 있는 첨단 치안 시스템이 개발되고 있기 때문이다.

범죄 예측이라는 개념은 1931년 클리퍼드 쇼 시카고대학 사회학과 교수가 처음 도입했고, 1994년 뉴욕 경찰국NYPD이 과거 범죄 데이터를 분석해 매일 아침 범죄가 발생할 가능성이 가장 높은 지역을 확률로 알려주는 프로그램을 가장 먼저 도입했다. 그 후 미 캘리포니아 산타크루즈 경찰국이 범죄 패턴 데이터 분석에서 진일보한 프로그램인 '프레드폴'을 도입했다. 프레드폴 외에도 빅데이터와 AI를 이용한 범죄 예측 프로그램이 속속 등장하고 있다. IBM에서 개발한 '크러시', 미국 노스포인트에서 개발한 인공지능 '컴파스COMPAS', 카네기멜런대학에서 개발한 '크라임스캔CrimeScan' 등이 대표적인 프로그램이다.

미국뿐 아니라 국민의 안면 정보를 대부분 갖고 있는 중국은 시민 신용시스템을 2020년 도입한다는 방침이다. 일본 가나가와현도 2020년 AI 기반 범죄 예측 시스템 도입을 준비하고 있다.

빅데이터, '불량고객 제로' 시대를 연다

인공지능은 핀테크와 결합해 혁명적인 금융 시스템을 탄생시키고 있다. 개인의 은행 거래 내역은 물론 통신료와 세금, 공과금 납부, 재산 변동 등 모든 거래 내역에 대한 데이터를 토대로 최적의 금융 서비스를 받을 수 있도록 도와준다.

148

경제전문지 포춘Fortune은 AI가 금융 사고 없는 미래를 만들 것이라 전망한다. AI는 금융의 미래를 어떻게 바꿔놓을까.

2007년 발생한 글로벌 금융 위기는 주택담보대출인 '서브프라임 모기지' 부실이 원인이었다. 앞으로 이 같은 어처구니없는 사태는 AI가 막아줄 전망이다. 샌프란시스코에 본사를 둔 블렌드Blend는 114개 금융기관을 대상으로 온라인 AI 대출심사 서비스를 제공하고 있다. 대출 승인은 신청하는 즉시 이뤄지며, 대출 직원이 잘못된 결정을 내리면 데이터를 토대로 즉각 수정 요구를 한다. 각종 구비서류 준비 절차를 자동화했고 사기 대출도 감지해준다. 채무자의 파산 가능성까지 AI가 미리 알려주기 때문에 대출 사고와 불량고객 없는 세상을 만들어줄 것이라 기대하고 있다.

AI 대출 심사는 금융 서비스 영역도 확대하고 있다. 저소득층 혹은 은행 이용을 꺼렸던 사람들도 온라인을 통해 대출 가능 여부를 알아본 뒤 즉시 대출을 받을 수 있다. 미국의 모기지 업체 페니메이Fannie Mae에 따르면 미국 은행의 40%가 이미 AI의 도움을 받아 모기지 대출을 해주고 있다고 한다.

AI, 재테크 전략을 짜준다

AI가 금융계의 전문 두사사와 애닐리스트의 일자리를 위협하고 있다. 세계 최고의 투자은행 골드만삭스는 AI 투자 도우미 '켄쇼Kensho'를 도입한 후 600명에 달하던 주식 매매 트레이더를 단 두 명만 남기고 모두 해고했다. 켄쇼는 애널리스트 15명이 4주 동안 해야 하는 분석 업무를 단 5분 만에 처리한다. 블룸버그Bloomberg가 개발한 팩트셋 리서치 시스템FactSet Research Systems은 특정 주식 관련 뉴스나 트위터 게시물까지 분석하는 감성지수를 만들어내고 있다.

또한 AI는 축적된 수많은 데이터를 토대로 머신러닝, 딥러닝 등의 분석도구를 활용해 전문 투자자들의 재테크 실력을 향상시키고 있다. 이에 따라 웹사이트 추출 정보, 언어 분석, 신용카드 구매이력, 위성 데이터 등에 숨겨진 매매 신호를 찾아내는 '대안 데이터 전문가alternative data analyst'들이 폭발적으로 증가하고 있다.

현재 블랙록BlackRock, 피델리티Fidelity, 인베스코Invesco, 슈로더Schroders 등이 AI를 투자에 활용하고 있다.

일반 투자자들을 대상으로 투자 자문을 해주는 '로보어드바이저Robo-adviser'가 평범한 사람들의 재테크 실력을 키워주고 있다. 대표적으로 미국의 벤처기업 베터먼트Betterment가 내놓은 '목적 기반 투자GBI: goal based investing' 자문 서비스가 큰 인기를 끌고 있다. 이 서비스는 '은퇴 자금', '자동차 구입비', '자녀 교육비', '사고나 질병에 대비한 비상자금' 등으로 투자자가 원하는 각각의 포트폴리오를 짜준다. '20년 뒤 은퇴할 때 노후 생활비 7억 원 보유하기' 같은 투자 목적과 실현 시기를 정하면 이 목표를 이룰 수 있는 최적의 방법을 구체적으로 수립해준다. 벤처 기업 로빈후드Robinhood가 선보인 수수료 없는 주식거래 서비스는 앱 사용자 400만 명, 시가총액 76억 달러(한화 약 9조 2,000억 원)를 돌파하며 대형 증권사들을 위협하고 있다.

현재 AI는 저축을 원하는 사람들에게 장기보유형 투자전략을 추천할 수 있을 정도로 똑똑해졌다. 이와 관련해 '양quantity'과 '펀더멘털fundamental'을 합성한 '퀀터멘털 분석quantamental analysis'이 새로운 투자기법으로 각광받고 있다. 퀀터멘털 분석이란 AI의 기본능력(막대한 양의 데이터에서 패턴을 찾아내는 능력)과 인간 두뇌의 세밀한 분석력을 훈련받은 알고리즘이 결합해 특정업계의 성장 잠재력이나 경영진의 전략적 역량을 평가하는 투자기법으로 AI의 데이터 분석력과 인간의 판단력이 결합한 것이다. 이처럼 AI가 사람의 판단 영역에 침투해 금융의 미래마저 바꿔놓고 있다.

기업에 수출 대상국·품목을 추천해주다

수출 중소기업들은 정확한 해외시장 정보를 얻는 데 어려움을 겪고 있다. 이로 인해 각 기업의 특성에 적합한 '수출 대상국 및 품목 선정' 필요성이 대두되었다.

대한무역투자진흥공사KOTRA에서는 빅데이터를 활용해 품목별 적정 수출 대상 국가를 추천하는 '수출 올인원All-In-One 서비스'를 개발했다. 코트라는 이를 위해 기업별 글로벌 역량평가 정보 2만 건, 기업별 수출 컨설팅 정보 9만 건, 국내기업 수출 규모 정보 3만 4,000건, 국가별 무역시장 동향 정보 60만 건 등의 빅데이터를 분석 대상으로 삼았다. 이 서비스를 통해 '수출 기업이 어떤 물건을 어떤 나라에 팔면 좋을지'에 대한 해답을 내놓았다. 어느 나라에 해당 품목에 대한 수요가 있는지,

수요가 있다면 그 나라의 시장 규모는 어느 정도인지, 성장 가능성은 어떠한지, 수출 시 어떤 절차를 거쳐야 하는지, 관세나 환율 사정은 어떠한지, 외교·정치적 이슈는 없는지, 어떠한 문화·관습적 특성이 있는지 등을 분석했다.

카드 사용, 소비 동향을 알려주다

물가 동향, 소비 동향 같은 정보 대부분은 국가 통계기관인 통계청에서 생산하고 있다. 하지만 한 달 뒤에 통계가 나오기 때문에 메르스나 지진 같은 긴급 상황이 발생하면 소비에 어떤 영향이 있을지 곧바로 알 수 없다는 단점이 있다. 그러나 신용카드 거래 통계 데이터를 활용하면 이 같은 문제를 해결할 수 있다.

미국의 마스터카드는 카드 거래 데이터를 활용해 '스펜딩 펄스Spending Pulse'라는 지표를 개발해 주요 산업별·지역별 소매 판매 동향 정보를 제공하고 있다. 정부의 공식지표보다 7일이나 빠른 속보성 때문에 높은 평가를 받고 있다.

신한카드는 한국환경경제학회와 공동으로 2,200만 명의 빅데이터를 활용해 지역·업종·소득분위·가맹점 규모·연령 등 다양한 기준의 월간·주간 소비지수를 개발해 상시 모니터링할 수 있는 시스템을 만들었다. 지수 산출을 자동화하였고 자동 시스템에서 산출된 지수를 직관적으로 확인할 수 있는 35개의 시각화 화면도 개발했다. 이를 통해 소비지수의 상시 모니터링이 가능해졌다.

빅데이터, 최적의 CCTV 설치 장소를 알려주다

지방자치단체는 매년 위험지역에 CCTV를 설치하고 있다. 하지만 어떤 지역에 설치해야 방범 효과가 뛰어난지 객관성을 확보하는 일은 쉽지 않다. CCTV 설치 담당자가 가장 적합한 설치 위치를 알고 있어도 이를 뒷받침할 만한 객관적 데이터가 없어 대부분 민원에 근거해 특정 지역 위주로 CCTV를 설치하는 경우가 많았다. 경기도는 이 같은 문제점을 개선하기 위해 빅데이터를 토대로 범죄 예측지수를 모델링했다. 범죄사건 예측 데이터, CCTV 현황, 유동인구 데이터, 가구·지역 특성 등의 공간적 연관성을 반영한 빅데이터 분석을 통해 감시 취약지수를 개발해 CCTV 우선 설치 지역을 결정했다. 방범용 CCTV와 가장 밀접한 관련이 있는 '범죄 예측 지역'과 'CCTV 설치 현황'을 중심으로 빅데이터를 분석해 'CCTV 우선 설치 지역'을 선정했고, 기존에 설치한 CCTV 분석 자료("CCTV 운영 관리 분석")를 통해 효율적인 CCTV 설치에 필요한 객관적인 결과를 도출해낸 것이다. 이를 위해 민간, 경기도, 국립재난안전연구원, 지방자치단체 등에서 26종, 총 1,800만 건의 빅데이터를 수집했다.

인공지능, 과학적인 민생치안을 구현하다

빅데이터는 유사 사건의 여죄를 찾아내는 역할도 하고 있다. 경찰청과 국가정보자원관리원은 과학 수사에 인공지능을 도입해 숨어 있는 여죄를 찾아냈다. 경찰청은 이를 위해 전국에서 발생한 범죄사건 현장을 기록한 '임장일지 빅데이터'를 인공지능 기술로 분석하여 동일범의 여죄를 추적했다. 기존에는 전국 150만 건의 임장일지를 검토하는 데 많은 시간이 걸려 여죄 추적에 어려움이 있었다. 그동안 피의자의 여죄 추적을 위해서는 범행수법과 유사한 임장일지를 수사관이 일일이 검토해야 했다. 하지만 인공지능이 기계학습을 통해 이를 신속하게 검색할 수 있게 됐다. 그 결과 수많은 '임장일지'를 손쉽게 분석해 여죄를 찾아낼 수 있게 됐다.

삶의 질을 향상시키다

IBM에 따르면 사람 한 명이 평생 생산하는 의료 데이터는 1,100테라바이트(TB·1024기가바이트)에 달한다. 책으로 치면 3억 권 분량이 넘는다. 스마트폰이 측정하는 심박수와 활동량을 비롯해 병원 진료기록 등의 의료 데이터는 끊임없이 생성되기 때문에 보건의료 분야의 데이터는 늘 풍부하다.

주요 질병의 위험성을 예보하다

감기나 눈병, 식중독, 피부염, 천식 등은 유행성이 강하기 때문에 미리 알고 있으면 대처하는 데 큰 도움이 된다. 국민건강보험공단과 다음소프트는 여러 유관기관이 보유한 정형 데이터와 뉴스, 트위터, 블로그

등 소셜 미디어 정보를 융합해 주요 질병의 위험도 동향과 예보를 제공하는 '국민건강 알림 서비스'를 만들어냈다. 이를 위해 기상 데이터, 식품안전 데이터, 건강보험 데이터, 환경데이터(미세먼지, 오존 등)를 비롯해 각종 검색 데이터, SNS 데이터 모두를 빅데이터화해 융합했다. 그 결과 감기나 눈병, 식중독 등 5개 질환에 대한 질병 발생 가능성을 예측할 수 있는 모델을 도출해낼 수 있었다. 향후 개인의 건강검진 정보와 기상, 환경, 소셜 미디어 정보를 융합하면 더욱 더 정확한 맞춤형 서비스 제공이 가능해질 전망이다.

AI, 인간 의사를 뛰어넘다

핀란드는 '노키아'가 쇠락한 후 통신 산업을 대체할 새로운 돌파구를 '빅데이터 의료'에서 찾았다. 핀란드 정부는 1950년대부터 국민들의 모든 진료 기록을 수집하여, 이를 전산화했다. 핀란드 인구 550만 명 대부분의 정보가 전자문서에 저장돼 있다. CT나 MRI 등 시청각 자료 모두 보관되어 있을 정도로 핀란드는 의료 분야에 있어 독보적인 '빅데이터'를 보유한 국가이다. 핀란드 정부는 이 막대한 빅데이터를 의료 연구나 서비스 개발에 개방하고 있다.

핀란드의 의료 스타트업 기업인 '뉴로이벤트랩Neuro Event Labs'은 의료 빅데이터를 분석해 환자의 동영상을 인공지능이 분석해 질병을 진단하는 '인공지능 환자 모니터링 시스템'을 개발했다. 이 시스템은 헬싱키 대학병원에 시범 도입돼 소아 뇌성마비 판정에 사용되고 있다. 이 시스템은 3분 정도의 아기 동영상만 있으면 뇌성마비 여부를 판정할 수 있으며, 그 정확도는 95%에 이른다. 이런 서비스가 가능한 이유는 바로 인공지능이 의료정보 시스템에 보관된 환자들의 동영상을 보며 기계학습을 해왔기 때문이다.

헬싱키 대학병원에서는 인공지능이 신생아의 패혈증을 예측하는 서비스를 선보였다. '아이포리아Aiforia'가 개발한 '신체 조직 자동분석 시스템'은 신체 조직 사진 한 장만으로 암세포나 세균 등 이상부위를 찾아낼 수 있다.

구글의 인공지능 '딥마인드'는 인간 의사보다 더 정교한 진단을 내놓고 있다. 물론 이를 위해 망막 데이터가 중요한 역할을 하고 있다. 딥마인드는 2018년 2월 한 안과병원과 협력해 인공지능 기술을 이용한 3D 망막 이미지를 스캔해 1만 4,884장의 익명 3D 망막 스캔 이미지 데이터를 축적했다. 인공지능은 망막 질환 환자의 안구 특성과 정상 안구의 차이점을 분석하는 딥러닝을 시작했다. 이를 통해 인공지능이 망막 스캔 이미지만 보고도 안질환(녹내장, 당뇨성 망막병증)을 진단할 수 있는 기술을 개발해냈다. 나중에 997명의 환자를 대상으로 구글 딥마인드의 진단과 의사들의 진단을 비교했는데, 딥마인드의 진단 오류율은 5.5%였고 안과 전문의들의 진단 오류율은 6.7~24.1%였다. 8명의 안과 전문의보다 딥마인드의 진단 정확도가 더 높은 것으로 나타난 것이다. 이보다 더 주목할 만한 것은 인간 의사들이 안구 스캔을 토대로 안질환을 진단하는 데 상당한 시간이 걸린 반면 딥마인드는 스캔 즉시 질환을 분석해냈다는 사실이다.

데이터와 AI의 결합은 안구 검사 결과로 심장질환 가능성을 예측하는 단계까지 진화했다.

구글의 바이오테크 자회사 '베릴리'는 2018년 머신러닝을 통해 심장질환의 위험성을 예측하는 방법을 발견했다. 구글과 베릴리의 과학자들은 30만 명의 눈을 스캔해 얻은 데이터를 머신러닝으로 분석했다. 몸의 전반적인 건강을 반영하는 혈관으로 꽉 차 있는 눈의 안저를 분석한 결과 혈압과 흡연 여부 등을 알 수 있었다. 이를 토대로 심혈관계 건강이상 여부를 측정할 수 있는 근거를 확보하게 된 것이다. 보통 심혈관계 질환이 있는지 알기 위해서는 혈액 검사를 이용한다. 그러나 베릴리는 안구 뒤쪽을 스캔해 환자의 나이와 혈압, 흡연 여부 등을 추론해냄으로써 심장질환의 위험성을 측정할 수 있게 됐다. 실제로 최근 5년간 심혈관계 질환을 겪은 환자와 그렇지 않은 환자의 망막 이미지를 분석해본 결과 구글의 알고리즘은 70%의 정확도를 기록했다. 기존 혈액 검사 방식인 스코어SCORE의 진단 정확도인 72%와 비슷한 수준이다. 이 연구 결과는 〈네이처 바이오메디컬 엔지니어링〉 저널에 실렸다.

다양한 의료 데이터를 기반으로 의학적인 통찰력을 얻기 위한 시도들이 활발하게 이뤄지고 있다. 질병이 발병하기 전에 이를 미리 예측해 환자별 맞춤 치료를 실시하거나 신약 임상 시험 진행의 효율성을 높이려는 목적이 대부분이다. 나아가 합병증을 막고 재입원율을 낮춰 궁극적으로 의료비용을 낮추려는 목적도 있다. 대규모 환자군의 과거 진료 기록으로 만들어진 의료 빅데이터는 질병의 발병을 예측하는 데 필수적인 가늠자 역할을 하고 있다.

영국에서는 인공지능을 이용해 심혈관 질병 관련한 새로운 주요 위험요소risk factor를 추적하는 데 성공했다. 영국 노팅엄대학교는 37만 8,256명의 환자 전자 의무기록에 포함돼 있는 진료기록을 바탕으로 네 가지 종류의 인공지능 알고리즘을 이용해 심혈관 발병 원인의 패턴을 파악했다. 그 결과 의사들이 그동안 진단했던 심혈관 발병 원인과 다소 차이가 있다는 사실을 알게 됐다. 그때까지 의사들이 만든 심혈관계 질환의 표준 가이드라인에 포함되지 않았던 것들이 새로운 위험요인으로 드러난 것이다. 빅데이터 분석에 따르면 이른바 인종적 차이, 정신질환, 경구용 스테로이드 복용 등이 심혈관계 질환의 주요 위험요소로 새롭게 밝혀졌다. 이를 통해 데이터에 기반한 인공지능 분석이 기존 의료계에서 통용되던 가이드라인보다 더 효과적인 것으로 드러났다. 새로운 환자군의 향후 10년간 심혈관계 질환 발병 여부를 예측한 결과 네 가지 인공지능 알고리즘 모두가 기존의 가이드라인보다 현저히 나은 성과를 보인 것이다. 인간 의사들이 이제 인공지능의 조언을 받아들여야 하는 시대에 접어든 것이다.

빅데이터는 뇌종양을 진단하는 노하우도 제공하고 있다. 미국의 시카고 아동병원은 뇌종양 데이터베이스를 토대로 질병 진단 시스템을 구축했다. 이를 위해 뇌종양 표본 1개당 7,000~3만 개의 측정치 데이터를 축적했으며, 이를 머신러닝 기술에 접목시켰다. 텍스트 마이닝 기술로 뇌종양 관련 의학논문을 학습해 뇌종양과 유전자 관계 패턴을 찾아냈고, 이를 다시 뇌종양 빅데이터에 적용해 243개 인공신경망 예측 모델로 구성된 뇌종양 진단 시스템을 구축할 수 있었다.

데이터와 AI의 접목은 의료계의 풍경을 바꿔놓고 있다. 데이터와 AI는 인간 의사의 고유 영역을 위협하고 있다. 영상 판독에서부터 질병 진단에 이르기까지 그 활동 영역을 넓혀가고 있다. 인공지능은 이미 환자의 데이터만 보고도 최적의 진단과 처방을 내리고 있다. 처방과 진단 결과 역시 그동안 인간 의사들이 내렸던 것보다 더 뛰어나다는 연구 논문들이 쏟아져 나오고 있다. 데이터와 AI가 기존 의료계의 패러다임을 송두리째 바꾸고 있는 것이다. 2017년 3월 진행된 대한영상의학회 춘계학술대회에서는 AI 시대의 도래를 현실로 받아들여야 한다는 설문조사 결과가 발표됐다.

데이터, 보건의료 시스템을 혁신하다

병원 중심으로 빅데이터와 AI에 바탕한 실증 연구가 이뤄지고 있으며, 보건의료 분야 전체에도 데이터가 적용되고 있다. 미국 정부 주도로 진행된 '필박스Pillbox'가 그 대표적인 사례다. 필박스는 빅데이터를 활용해 공중보건 증진을 향상시켰다. 8,781개의 약품 이미지와 3만 3,255개의 제품, 6만 7,367건의 기록을 데이터로 구축했다. 이 데이터를 미국 국립보건원 사이트에서 제공함으로써 국민들이 궁금해 하는 약품 정보를 손쉽게 얻을 수 있도록 했다. 소비자는 그동안 알기 어려웠던 알약 또는 캡슐 형태의 약품에 대한 복용량, 부작용, 주의사항 등 다양한 의학정보를 쉽게 제공받을 수 있다. 실제로 복용 중인 약물의 형태와 크기, 색깔 등의 이미지를 선택해서 검색하거나 약물의 이름이나 주성분 등을 확인하면서 약에 대한 이해도를 높이고 있다. 미국은 필박스 서비스 도입 후 연간 5,000만 달러 이상의 비용을 절감한 것으로 추정하고 있다.

20년 연속 심장질환 분야 1등 병원을 만든 미국 클리블랜드 클리닉은 자체 병원 네트워크를 통해 수많은 데이터를 수집했다. 이 데이터를 분석해 응급환자 수송, 수요 예측, 환자 안내 등에 활용해 세계 최고의 의료 시스템을 만들었다. 특히 GPS를 이용해 환자의 동선을 추적한 결과 진료 대기시간을 20%나 줄였고, 화학치료 환자의 대기시간은 1시간에서 20분으로 단축시켰다. 또한 미국에서도 가장 광범위한 전자의무기록 시스템을 구축해 오하이오, 플로리다, 네바다, 캐나다, 아부다비 등 75개 지역의 의사, 간호사 및 기타 의료진들과 연계 치료를 할 수 있게 만들어 완치율을 높이고 있다.

의료진은 언제 어디서든 환자의 기록을 볼 수 있고 환자들도 언제든 자신의 의료 기록에 접근할 수 있다. 전자의무기록 시스템은 언제 특정 검사 오더를 내리는지 또는 어떤 방법으로 치료하는지에 대해 안내해 줌으로써 환자의 궁금증과 불안을 없애고, 의료진의 임상 결정을 지원하는 역할을 하고 있다. 또한 처방 약물 간의 상호작용 위험성에 대해서도 자동으로 통고해주고 있다. 이처럼 전자의무기록은 임상 연구를 위한 중요한 자료가 되고 있다.

미국스포츠의학학회ACSM, American College of Sports Medicine는 시민들의 건강 빅데이터를 토대로 도시별 미국 건강지수American Fitness Index를 만들어 발표하고 있다. 국민의 체력뿐만 아니라 영양정보를 고려해 도시별 건강 수준을 비교할 수 있도록 했다.

국내에서도 건강보험공단, 통계청, 질병관리본부, 삶의 질 학회 등에서 각기 집계하고 있는 국민건강지표를 통합한 '국민건강지수'를 2018년부터 발표하고 있다. 이러한 데이터를 분석하면 질병이나 질환 및 사고, 건강행태, 정신건강, 예방접종 및 검진, 인구 변화 등 10개 분야에서 국민의 건강 수준을 예측할 수 있다. 또한 고혈압·당뇨병·고지혈증 등 만성질환 유병률 증가나 음주·흡연 등 건강행태의 악화, 인구 고령화 등 29개 부문에서 국민의 전반적인 건강 수준을 측정할 수 있다.

애플이 인수한 핀란드의 '베딧Beddit'은 침대에 수면 측정기를 부착하면 자신의 수면상태를 정확히 알려준다. 심박수, 코골이 횟수와 시간, 깬 시간, 수면 사이클, 얕은 잠, 깊은 잠, 기상시간, 수면시간 등을 센서가 측정해 데이터로 전환해준다. 100점 이상이면 정상 컨디션이고, 85점을 넘지 않으면 컨디션에 문제가 있다는 뜻이다. 수면 중 악몽, 잠투정 등으로 잠을 못 이루거나 물을 마시기 위해 침대에서 일어나면 감점이 된다. 코고는 시간이 10분을 넘으면 그 역시 감점이 된다.

구글의 생명과학 회사 '베릴리'는 사람의 건강이상 신호를 감지할 수 있는 소형 디바이스를 개발 중이다. 1년에 한 번 건강검진을 받는 것이 아니라 AI를 이용해 매일 몸 상태의 이상 유무를 확인할 수 있는 헬스케어 시스템을 만들겠다는 것이다. 질병의 발병 가능성을 조금이라도 빨리 발견해 적절한 조치를 취해 예방할 수 있도록 한 것이다. 만약 이 시스템이 상용화되면 건강검진 시장은 순식간에 사라질지도 모른다. 최신형 자동차에 설치한 400개 이상의 센서를 통해 오일의 압력을 점검하고 타이어의 공기압을 체크해 자동차의 이상징후를 미리 찾아내는 원리를 인체에 적용하겠다는 구상이다.

미국의 '핏빗Fitbit'는 손목 밴드형 트래커를 통해 얕은 잠, 깊은 잠 등 수면단계를 정확히 측정해준다. 걸음수뿐만 아니라, 이동 거리, 칼로리 소모량 등 기본적인 활동량과 운동량을 모니터링한다. 수면 연구자들은 하루 7시간 미만의 수면과 렘수면REM sleep 부족 사이에는 상관관계가 있다고 보고 있다. 렘수면이 부족하면 단기 기억력, 세포 재생 및 심리상태 조절에 영향을 미칠 수 있다고 주장하고 있다. 렘수면은 수면의 여러 단계 중 빠른 안구 운동이 일어나는 수면기간으로 몸은 자고 있으나 뇌는 깨어 있는 상태의 수면 상태를 말한다. 꿈은 대부분 렘수면 상태에서 이뤄진다.

삼성전자가 개발한 '슬립센스SLEEPsense'는 개인의 수면상태를 측정하고 분석하며 나아가 숙면을 도와주는 최첨단 IoT 제품이다. 약 1cm의 얇은 두께로 납작한 원형 형태를 하고 있어 사용자의 침대 매트리스 밑에 놓기만 하면 어떤 신체 접촉 없이도 수면 도중의 맥박·호흡·수면주기·움직임을 실시간으로 체크하고 분석할 수 있다. 슬립센스에는 미국 식품의약국FDA의 승인을 받은 '얼리센스EarlySense'의 최첨단 센싱 기술이 적용돼 정확성 높은 측정 결과를 보여준다. 사용자가 잠들면 TV가 자동으로 꺼지고 실내 온도가 내려가면 보일러가 자동으로 켜지고 실내 온도가 올라가면 에어컨이 자동으로 켜진다.

영국 회사 '쉬Shhh'는 NASA가 우주에서 음료수 온도를 일정하게 유지하는 기술을 침대에 적용한 신개념 매트리스를 개발했다. 자는 사람의 체온이 올라가면 매트리스가 열을 흡수해 체온을 낮춰주는 방식이다.

에몬스는 센서를 매트리스에 탑재해 자는 동안의 심박수, 호흡수, 코골이, 뒤척임, 수면 환경 변화 등을 휴대전화 앱으로 전송해 수면 패턴을 모니터링할 수 있도록 돕고 있다.

교통 시스템을 혁신하다

항저우, '빅데이터 버스'가 등장하다

UN은 도시화의 급속한 진행으로 2059년이 되면 인구의 70%가 도시에 거주할 것이라고 예상하고 있다. 도시화의 가장 큰 문제점 중 하나는 교통 혼잡이다. 이에 대한 해법으로 중국 항저우시는 '빅데이터 버스'를 선보였다. 빅데이터에 기반해 운행하는 대중교통 '신샹(心享)버스'이다. 대중교통 앱에 승객들이 타는 곳과 목적지를 입력하면 데이터 센터에서 승객 정보 빅데이터를 한데 모아 버스 노선을 만든다. 보통 37인용 버스 기준으로 60%인 22명 이상이 동일한 노선을 원하면 버스가 운행된다. 승객이 좌석을 예약하는 방식이기 때문에 붐비는 출퇴근 시간에도 앉아서 목적지까지 편하게 갈 수 있다. 신샹버스의 요금은 탑승거리와 상관없이 5위안(860원)으로 동일하다. 이는 항저우 지하철 최고요금인 8위안보다 저렴하다. 승객들이 스마트폰을 통해 사전에 요금을 결제하고 부여받은 QR코드를 버스에 탑승할 때 요금단말기에 찍으면 된다. 고정노선을 정기적으로 운행하는 버스와 달리 고객의 수요에 따라 운행됨으로써 승객의 만족도가 높고 에너지 절약에도 기여하고 있다.

한편 중국 항저우시는 운행 중인 차량 데이터와 행인의 수, 신호등, CCTV, 경찰 호출 건 등 도시의 공공데이터를 실시간으로 분석하는 슈퍼AI 시스템을 도입해 교통 시스템을 혁신하고 있다. 빅데이터 도입으로 항저우시는 교통 흐름을 개선하고 교통사고 신고 처리, 대중교통 배차 간격 등을 혁신했다.

빅데이터, 교통시스템을 혁신하다

네덜란드의 암스테르담은 빅데이터를 토대로 인공지능 기반의 교통 시스템을 구축해 도시의 교통 흐름을 최적화했다. '그린웨이브'라는 신호 체계를 만들어 도로 운영을 최적화한 것이다. 인공지능은 차량이 목적지까지 이동할 때 빨간 신호등에 멈추지 않고 계속 녹색 신호등으로 지나갈 수 있게 신호를 제어한다. 인공지능이 교통 흐름을 개선하고 배기가스까지 줄여주는 환경 개선효과까지 가져다주고 있다.

도시 내 대중교통 이용 현황과 관련한 빅데이터를 분석하면 대중교통의 편의성을 높일 수 있다. 서울시는 교통사고 사망자를 줄이기 위해 빅데이터를 활용했다. 서울시·도로교통공단·교통안전공단·민간통신회사·기상청 등 공공과 민간이 보유한 교통사고 내역과 날씨, 유동인구, 위험 운전행동, 차량속도 등 1,400여 건의 데이터를 분석해, 교통사고 다발 지역의 발생 원인과 어린이·노약자 등 교통약자 유형을 파악할 수 있었다. 이를 바탕으로 사고발생 상위 50개 초등학교 앞에 안전시설을 설치했고, 음주운전 사고 다발 지점의 단속도 강화했다.

광주시는 빅데이터로 마을버스 신규노선과 환승 편의시설의 위치를 정했다. 시내버스 교통카드 이용 내역, 전자민원, 동별 인구, 유동인구 등을 연계한 분석으로 대중교통 사각지대를 발굴해 활용한 것이다. 특히 탄력배차제 우선적용 노선과 저상버스 확대도입 노선 선정에도 이러한 분석 결과가 활용됐다. 광주시는 교통, 화재, 범죄, 자살, 감염병, 자연재해, 생활안전 등 7대 안전사항에 대한 빅데이터 수집 플랫폼을 구축한 안전지수를 발표할 예정이다.

앞으로도 빅데이터를 활용해 공공서비스 혁신과 사회 현안 해결 등 다양한 해법 찾기가 이뤄져야 한다.

전기차의 수요가 확산되면서 충전 인프라 설치에 대한 요구가 늘고 있다. 그렇다면 어디에 충전소를 설치하는 게 가장 효과적일까. 이 역시 빅데이터를 분석하면 쉽게 해결할 수 있다. 대구광역시, 제주특별자치도, 경기도 등은 전기차 충전소 입지 선정에 필요한 관련 데이터 197종을 도대로 이를 분석했다. 대중 집힙시설, 전기차 보급 등 기초 정보, 유동인구, 교통량 등 블록 단위 공간정보가 분석에 활용됐다. 그 결과 일평균 충전소 전기 사용량과 전기차 수, 충전소 수, 대중 집합시설

수 등의 상관관계를 토대로 최적의 전기차 충전 인프라 입지를 선정할 수 있었다. 민원에 의한 입지 선정이 아니라 전기차 소유주를 대상으로 한 통행 분석과 수요예측 분석을 통해 과학적으로 입지를 결정한 것이다.

데이터 분석을 토대로 한 교통사고 예보 서비스는 가능할까. 교통방송은 교통 상황 돌발정보 제보 데이터, 도로교통공단의 사고 데이터, 기상청의 기상정보 데이터를 활용해 위치, 시간, 기상요건 등에 따른 사고 발생 가능성을 산출해 지수화했다. 산출된 교통사고 발생 위험 정보는 오전과 오후로 나눠 일일 위험지수, 교통사고 위험 지역 톱10, 교통사고 위험 시간대, 오늘의 사고 주의 지역 등의 형태로 가공됐다. 이렇게 만들어진 정보 대부분은 방송 제작자가 직관적으로 쉽게 이해할 수 있도록 그래프, 아이콘, 지도 형태로 시각화했다. 또한 방송 콘텐츠로서 쉽고 편리하게 활용될 수 있도록 전용 '교통사고 예보 웹사이트'를 구축해 이 모든 정보를 한눈에 볼 수 있도록 구성했다. 이 정보를 방송을 통해 내보냄으로써 빅데이터 분석 결과가 교통사고 위험성을 예보하는 역할을 하게 됐다.

브라질, 길 막히면 '출장 연기'

브라질에서는 교통 문제를 해결하기 위해 15분에서 1시간 동안의 교통 상황을 예측해 운전자가 교통 혼란에 미리 주의를 기울일 수 있도록 돕고 있다. 교통 상황 예측을 위해 교통 지도, 도로 내 설치된 카메

168

라와 센서에서 교통 정보를 미리 수집한다. 여기에 더해 운전자의 소셜 네트워크에서 수집한 최신 정보를 교통 데이터에 조합시킨다. 또한 교통 정체 상황을 정확하게 예측해, 운전자가 대체 경로를 택하거나 대중교통을 이용하도록 추천하고 있다. 심지어 교통 정체가 심각한 상황에는 출장을 연기하도록 조언까지 하고 있다. 브라질은 여기에서 더 나아가 환경, 치안, 대규모 행사, 교통 데이터를 통합한 지능형 운영센터를 만들어 도시 내 각종 사건, 사고에 대비할 수 있도록 함으로써 도시 보안을 향상시키고 있다.

막히는 길, 비싼 요금을 적용하다

미국의 로스앤젤레스는 고속도로 혼잡도를 개선하기 위해 '익스프레스 레인Express Lanes'을 도입했다. 이 도로를 이용하려면 제로스Xeros 시스템을 통해 비용을 지불해야 한다. 이 시스템은 도로 교통량을 요금으로 컨트롤함으로써 해당 도로의 속도를 일정 수준 이상 유지되도록 하고 있다. 교통량이 증가하면 이용요금을 올려 이용차량이 줄어들도록 하고 교통량이 적으면 요금을 낮춰 이용차량이 많아지도록 하는 방식이다. 유동적인 요금 책정을 위해 유료차선 주변 인접 차선의 교통 흐름까지 감지하고 통행시간을 계산한다.

빅데이터, 교통사고를 예방하다

일본 국토 교통성은 차량 전자제어장치ECU 빅데이터를 활용해 교통사고를 예방하고 있다. ECU란 자동차의 엔진, 자동변속기, ABC 등의 상태를 컴퓨터로 제어하는 전자제어 장치로 노변 장치를 통해 수집된 자동차 운행 정보를 전자적으로 분석해낸다. 이를 토대로 도로의 위험 지역을 미리 알아내 개선하는 역할을 한다.

미국 보스턴에서는 벤처 회사 애터비스타와 함께 '스트리트 범프 Street Bump' 앱을 개발했다. 이 앱은 운전자의 스마트폰을 통해 도로 노면이 파인 곳을 자동으로 감시하고, 도로 관리국에 전송하는 역할을 한다. 시에서는 접수받은 데이터를 토대로 문제가 발생한 도로를 보수하는 방식으로 사고를 예방한다. 차 안의 가속도계가 도로 파손을 약 1.25초간의 가속도 변화로 감지해내고, 최소 세 명 이상이 스마트폰을 통해 동일 장소의 도로 파손 정보를 전송하면 그 도로가 실제로 파손된 것으로 분석한다. 이 같은 방식으로 도로 파손이 감지되면 파손된 장소와 규모 등이 시의 데이터베이스에 저장된다. 시는 이 정보를 처리하여 어느 곳에 도로 파손이 발생했는지 보여주는 지도를 만들어 복구 작업에 착수한다. 이처럼 데이터는 수많은 도로 파손 지역 확인에 필요한 인력과 예산을 절감시켜주고 있다.

이탈리아 밀라노에서는 지능형 교통정보 시스템을 마련해 빠르고 정확한 길 안내 서비스를 제공하고 있다. 5분에서 15분 간격으로 수집된 교통 데이터를 축적한 예측 시스템이 향후 24시간 동안의 교통 상황을 예측하는 서비스이다.

재난 시 주행 가능한 도로를 안내한다

공공 차원이 아닌 민간 차원의 교통 관련 빅데이터 활용도 눈에 띈다. 일본의 혼다자동차는 '프로브 데이터probe data'를 활용해 자연재해 시 주행 가능한 도로 정보를 운전자에게 제공하고 있다. 프로브 데이터란 차량과 차량 간, 도로와 차량 간의 통신을 통해 수집된 방대한 양의 빅데이터로 교통 정체나 재해 발생 시 이로 인한 도로 단절 정보 등을 제공하는 역할을 한다. 재난이 발생하면 혼다는 자동차에서 수집된 GPS 데이터를 통합 분석해 주행 가능한 도로를 찾아내 정보를 제공한다.

영국의 보험 회사인 바이바는, 차량 내 운행기록 장치를 통해 실제 운전자의 성향을 분석해 보험료를 산정하는 서비스를 선보였다Pay as you drive. 미국에서도 포드가 '마이 포드My Ford' 스마트폰 앱을 통해 운행 데이터를 수집해 배터리 잔량에 따른 최저비용 충전 알림, 인근 충전소 찾기 등의 맞춤형 서비스를 제공하고 있다.

데이터로
에너지 절약, 온난화 막는다

빅데이터, 에너지 소비를 줄이다

빅데이터는 에너지 소비를 줄이고 새로운 부가가치를 창출하는 기회를 제공하고 있다. 그 대표적인 사례가 미국의 '그린버튼 이니셔티브 Green Button Initiative'이다. 그린버튼 이니셔티브는 2012년 미국 백악관이 내놓은 정책으로 소비자가 전기, 가스, 수도 등의 사용량을 손쉽게 온라인을 통해 확인하고, 원할 경우 자신의 데이터를 신뢰할 수 있는 제3자와 공유하여 새로운 부가가치 서비스를 창출하는 프로그램이다. 이 프로그램의 가장 중요한 기능은 소비자가 자신이 사용하는 에너지 데이터를 분석한 뒤 그에 따른 절약 노하우를 제공받을 수 있다는 점이다. 소비자는 데이터가 보여주는 자신의 전력 소비 패턴을 분석해 전기 낭비를 줄일 수 있고 에너지를 보다 효율적으로 활용할 수 있다.

그린버튼 제도 시행 이후 미국 캘리포니아주의 경우 1,500만kW의 전력 공급이 줄었다. 이는 우리나라 원전 15기가 생산하는 전력량과 비슷할 정도로 어마어마하게 큰 양이다.

현재 미국의 26개 주와 캐나다의 6,000만 고객을 대상으로 운영 중이며, 유틸리티 및 서비스 공급업체 76여 곳도 참여하고 있다.

빅데이터, 북극 온난화를 예측하다

빅데이터는 북극 온난화도 예측하고 있다. '인공위성 관측 데이터'를 토대로 북극 온난화 상황을 파악하고 문제 해결을 위한 대책을 세울 수 있게 됐다. 이화여대와 미국항공우주국NASA 공동연구팀은 인공위성 자료를 활용해 북극 온난화 시나리오를 예측하는 데 성공했다. 연구팀은 17년 동안 수집한 NASA의 위성 관측 데이터를 분석해, 온실가스 농도가 2배 증가하면 북극의 기온은 약 4.6도 상승한다는 예측 결과를 내놨다. 그동안 제시된 기후 모델들은 온실가스 농도가 2배 증가할 때 북극 기온이 2.7~8.3도 상승할 것으로 전망했다. 이전까지 제시된 기후 모델의 불확실성을 최소화하기 위해 지구 복사에너지양 관측 자료를 활용했다. 온실가스 농도 증가량과 기온 변화는 슈퍼컴퓨터를 활용해 시뮬레이션했다.

국가 정책을 혁신한다

빅데이터, 과학적 행정을 구현하다

빅데이터를 활용해 과학적인 행정을 구현하기 위한 시도들이 다각적으로 이뤄지고 있다.

미국에서는 오바마 행정부 1~2기에 걸쳐 '정책 증거의 포트폴리오'를 만들기 위해 각종 정책 및 예산 결정 시 성과평가 결과와 데이터 등을 활용하도록 제도화했다.

영국에서는 1997년부터 정부 개혁의 핵심방안으로 증거기반 정책 개념을 도입해 범죄, 교육, 복지 분야의 정책을 데이터에 기반해 수립하고 있다. 이처럼 국가정책을 혁신하는 핵심에 '행정 마이크로 데이터 Administrative microdata'가 있다. 행정 마이크로 데이터란 공공행정을 위해 정부에서 수집하는 정보로, 정부가 기록하고 있는 개인과 사업체, 지역 행정 단위 등에 관한 정보이며, 세금, 사회보장, 교육, 취업, 건강, 주거, 임금, 수입 등에 관한 정보가 이에 해당한다. 지난 20여 년간 미국과 유럽에서는 행정 마이크로 데이터를 공개해 사회과학 및 정책 연구를 위한 기초 자료로 활용하고 있다.

미국에서는 2016년에 15명의 학자, 정보보호 전문가, 정책 전문가 등으로 구성된 증거중심 정책수립 위원회Commission on Evidence-Based Policy Making를 설립하여 정부에서 이미 가지고 있는 데이터를 정책 결정에 체계적으로 활용하기 위해 필요한 법적 변화, 개인정보 보호 강화, 데이터 접근성과 투명성 강화, 여러 행정 데이터 간 연결을 위한 센터 설치 등을 제안한 보고서를 만들어 행정 데이터를 국가 차원에서 적극적으로 활용하고 있다. 특히 유럽에서는 한 국가 차원을 뛰어넘어 유럽연합 국가 간 데이터 연결을 위한 표준화까지 진전시키고 있다.

행정 마이크로 데이터는 정책의 영향을 평가할 때 유용하게 사용될 수 있다. 데이터의 정확성이 높고, 이미 행정을 위해 수집된 정보이기 때문에 추가 수집 비용이 없다는 장점이 있다. 또한 데이터가 정기적이고, 때로는 실시간으로 수집되며 주민등록번호 등 식별 정보가 분명하기 때문에 여러 행정 데이터를 연결시키기가 수월하다.

행정 데이터, 국가를 바꾸다

'행정 데이터'를 활용해 환경과 발명, 혁신과의 관계를 밝혀낸 연구도 탄생했다.

미국 하버드대학 연구팀은 행정 빅데이터를 이용해 환경적 요소가 발명가가 되는 데 어떤 영향을 미치는지를 분석했다. 하버드대학의 경제학자 라지 체티Raj Chetty와 동료 경제학자들은 어떤 사람이 발명가가 되기 위해서는 타고난 능력이 중요한지, 주어진 환경이 중요한지를 연구했다. 연구의 토대가 된 빅데이터는 특허를 가진 발명가 120만 명의 특허 정보와 미국 사회보장국Social Security Administration이 보유한 발명가들의 임금과 나이, 성별, 부모의 임금과 거주지 정보 등의 개인정보가 담긴 행정 데이터였다. 이 데이터를 분석한 결과 수학 성적이 비슷한 상위 1% 소득 가구에서 태어난 아이와 하위 50% 소득 가구를 비교했을 때, 상위 1% 소득 가정의 아이가 특허를 낼 확률이 10배나 더 높았다. 이는 환경의 영향이 크다는 것을 암시한다. 환경의 영향을 더 살펴보기 위해 연구진들은 더 혁신적인 지역, 즉 특허를 가진 사람들이 많은 지역으로 이사한 가정에서 자란 아이의 경우, 비슷한 특징을 가진 이사하지 않은 가정에서 자란 아이보다 특허를 낼 확률이 더 높다는 사실을 밝혀냈다.

이러한 환경의 영향은 매우 세부적인 기술군에서도 나타났다. 즉, 특정 기술에 관한 특허를 가진 사람들이 많은 지역으로 이사한 가정에서 자란 아이는 그 특정 기술에 관한 특허를 낼 확률이 매우 높았다. 연구 결과는 모두 환경적 영향의 중요성을 강조하는데, 이는 저소득층이나 여성층에서 잠재적 발명가·과학자·공학자(연구진들은 이를 '잃어버린 아인슈타인'으로 표현한다)를 발굴하기 위해 어떤 정책들을 고안하는 것이 좋을지 제시해줌과 동시에, 여러 행정 데이터의 연결이 중요하다는 것을 보여주는 사례가 됐다.

행정 데이터는 국가가 원하는 정책 목표를 실현하는 데 중요한 도구이다. 미국의 경제학자들과 미국 사회보장국은 보유하고 있는 임금 관련 정보를 이용해 미국의 소득 불평등 증가의 원인이 무엇인지 밝혀냈다. 미국 사회보장국은 우리나라의 주민등록번호와 비슷한 역할을 하는 사회보장번호Social Security Number가 주어진 사람 모두의 성별, 나이, 인종 등의 기본정보와 그들의 임금, 그리고 임금을 준 기업 정보 등을 갖고 있다. 연구진은 1981년부터 2013년까지 축적된 빅데이터를 활용해 소득 불평등의 원인을 찾아냈다. 연구 이전에는 CEO와 평직원 간의 임금 격차 증가나 기업 내의 임금 격차 증가가 소득 불평등 증가의 주원인으로 인식됐다. 하지만 연구진들은 임금 불평등 증가의 3분의 2는 기업 간 임금 격차 증가에서, 나머지 3분의 1은 기업 내 임금 격차 증가에서 왔다는 것을 연구를 통해 밝혀냈다. 미국 정부는 이 같은 결과를 토대로 소득 불평등 감소를 위한 정책적 방향을 수립했다.

행정 데이터는 노동시장의 임금 불평등 원인을 분석하는 자료를 제공하고 있다.

독일 연방고용국Federal Employment Agency의 연구기관인 독일 노동시장·직업연구소IAB는 2004년 노동시장에 대한 연구를 활성화하기 위해 정부 데이터를 개방했다. 이는 방대한 데이터의 양과 점차 고도화되는 데이터 분석법을 소화하기에는 IAB 내부의 연구자들만으로는 역량이 부족하다는 인식에서 출발한 것이다. 이후로 독일 내 학자뿐만 아니라 해외 학자들까지 노동시장에 관한 풍부한 데이터를 확보해 연구에 참여할 수 있게 됐다.

MIT의 경제학자 데이비드 카드David Card와 그의 동료 경제학자들은 이들 데이터를 활용해 서독의 임금 불평등 원인을 밝혀낼 수 있었다. 1985년부터 2009년까지의 독일 노동시장 데이터를 분석한 결과 서독의 임금 불평등이 증가한 주요 원인은 노동자들의 이질성heterogeneity 증가와 동류 매칭Assortative Matching의 증가, 즉 생산성이 높은 노동자들이 생산성이 높은 업체에서 일하게 되는 경향성이 높아졌기 때문인 것으로 분석됐다.

행정 데이터를 외부에 공개하는 것은 이처럼 경제적·사회적 현상의 체계적인 연구를 활성화시키는 기폭제가 될 수 있다. 나아가 효율적인 국가 정책 수립에도 도움을 줄 수 있다.

정부의 데이터 공개는 국민의 편익을 증진시키는 스타트업들의 탄생을 촉진시키고 있다.

정부가 데이터를 공개하자 '피스컬노트FiscalNote'는 2013년 '법안·법률·규제 데이터' 분석 소프트웨어 플랫폼을 출범시켰다. 미국 내 50개 주와 1개의 특별구, 의회의 데이터를 인공지능 기술을 통해 실시간으로 추적·분석해 인사이트를 제공하고 있다. 이 기업의 공동 창업자이자 한국계 미국인 CEO인 팀 황Tim Hwang은 미국 경제 전문지 포브스가 선정한 2015년 올해의 인물로 선정되었으며, 2014년 CNN은 피스컬노트를 '세상을 바꿀 10대 스타트업'으로 꼽았다.

정부가 데이터를 투명하게 공개함으로써 미국 의회·정부 공공데이터를 분석해 고객에게 영향을 끼칠 수 있는 분야와 관련한 법률, 규제를 찾아 분석 결과를 서비스할 수 있게 된 것이다. 고객은 플랫폼을 통해 주별, 분기별, 법안 처리상태(법안 상정~시행), 상·하원 의원별 입법현황, 51개 주의 법안 및 현황을 확인할 수 있다. 또한 주요 키워드, 의원명 검색과 관련 SNS, 뉴스까지도 확인할 수 있다. 특히 상임위에 올라온 법안의 통과 및 폐기 여부를 94% 정확하게 예측하고 입법의 흐름과 향후 관련된 규제 변화도 예측한다. 피스컬노트는 기업, NGO, 미국 내 주요 로펌을 대상으로 유료서비스를 제공하고 있다. 미국 공화당, 민주당, 로펌, 기업들이 주 고객이며, 향후 미국 내 판례 정보를 이용한 서비스도 준비 중이다.

빅데이터, 공공혁신의 식량이 된다

빅데이터는 우편물 배송 오류를 막고 국고 누출을 막는 열쇠가 될 전망이다.

미국 내 우정사업본부 역할을 하는 USPS United State Postal Service 는 미네소타주 이건Eagan시에 있는 IT 및 회계 서비스센터에 슈퍼컴퓨팅 시스템을 운영하고 있다. 여기에서 매일 5억 건 이상의 우편물을 스캔해 데이터를 수집하고 4,000억 개의 데이터베이스를 실시간으로 비교 분석해 처리한다. 이 데이터는 가짜 우편물을 탐색하거나 오배송 방지를 막아주는 핵심 역할을 하고 있다.

미국 국세청은 빅데이터 분석을 실시하는 디지털 회계 감사 시스템

robo-audits을 구축하여 조세 수익 손실을 줄이고 있다. 납세자의 신용카드 사용 내역과 전자상거래 내역을 제3자로부터 제공받아 이를 회계감사 시스템에 돌려 세무 신고 내역과 대조함으로써 조세 탈루 가능성을 막고 있다. 실제로 미국 아마존은 자사 플랫폼을 이용해 이뤄지는 온라인 상거래 자료를 국세청에 넘기고 있다.

영국 국세청은 30개가 넘는 기관에서 수집한 데이터를 토대로 '커넥트Connect'라는 데이터베이스를 구축해 납세자와 관련한 정보를 관리함으로써 조세 회피를 적발해내고 있다. 이 시스템 도입 후 무려 3억 유로의 세수가 추가로 걷혔다.

데이터, 소방·구급차 출동을 앞당기다

소방차와 구급차의 응급 출동은 국민의 생명을 구하는 데 있어 중요한 역할을 한다.

행정안전부와 대전시가 긴급 차량 운행 빅데이터를 분석해 출동 지연 문제를 해결하고 있다. 통상적으로 긴급 구조차량이 사고 현장에 도착해 진입하는 골든타임은 '5분'이다. 하지만 출퇴근 등으로 차량이 도로에 많거나 불법 주차가 많은 주택가와 상업지역 등은 골든타임 내에 도착하기가 쉽지 않다.

대전광역시와 국가정보자원관리원은 초동 대응시간 단축을 위해 빅데이터를 분석했다. 출동 위치 정보 3,000만 건을 인공지능 기계학습으로 분석해 긴급 자동차가 5분 이내에 출동하기 어려운 취약 지역

7곳과 상습 지연 구간 800여 곳을 찾아냈다. 불법 주차가 많은 주택가·상업지역 이면도로, 골목길이 소방차의 현장 도착을 방해하는 주요 구간으로 분석됐다. 또한 병원급 의료시설 86개소 중 5분 이내에 소방차 출동이 가능한 곳을 설정했다. 이를 토대로 최적의 경로를 찾아내 모의실험을 한 결과, 재난 현장까지 5분 이내에 출동할 수 있는 비율을 2배 이상 향상시켰다.

빅데이터, 성범죄 위험을 예측하다

지하철역 성범죄가 여성들의 활동을 위축시키고 있다. 경찰청은 이에 대비할 수 있도록 KT와 함께 범죄 관련 자료와 유동인구 빅데이터를 결합해 수도권 지하철역과 출구별 성범죄 위험수준을 시각화한 '지하철역 디지털 성범죄 위험도'를 개발했다. 지하철 노선·역·출구별 KT 유동인구 데이터와 공공데이터가 불법촬영 범죄 발생 위험수준을 알아내는 데 중요한 역할을 했다. 위험도 작성에는 과거 범죄 발생빈도는 물론 해당 현장의 유동인구, 시간대별 인구 구성비, 혼잡도 등 환경요인과 노선별 특성, 계절요인 등 다양한 정보가 반영된다.

위험도는 경찰청이 운영하는 지오프로스GeoPro(지리적 프로파일링 시스템)에 탑재돼 일선 경찰관들이 지하철 노선이나 시간대 등 조건을 검색해 범죄 발생 위험지역을 추천받은 뒤 예방이나 단속 활동에 활용할 수 있다.

빅데이터, 세금 사용을 감시한다

영국에서 2004년 설립된 '열린 지식재단OKF, Open Knowledge Foundation' 은 오픈 데이터를 활용해 다양한 사회문제를 개선하는 데 앞장서고 있다. 전 세계에 개방된 공공데이터를 매개로 재정 및 의료 투명성을 위한 데이터베이스를 개발하고, 글로벌 오픈 데이터 인덱스 같은 세계 최고의 오픈 데이터 비영리 단체와 함께 데이터 훈련 프로그램을 개발하고 있다.

이 가운데 '내 세금은 어디로 가는가Where Does My Money Go' 프로젝트는 영국의 중앙정부와 광역 자치단체에서 공개한 세출 데이터를 수집 및 정리하여 세금이 적절하게 사용되고 있는지 감시하는 역할을 하고 있다. 국가기관이 사용하고 있는 세금 사용 내역을 시민에게 알려주는 서비스로 세금 사용의 적정성을 쉽게 알 수 있는 '감시자' 역할을 하고 있다.

또한 자신의 소득을 입력할 경우 납부해야 할 세금이 얼마인지, 그리고 납부한 세금이 교육, 문화, 교통, 국방 등 분야별로 매일 어떻게, 얼마나 쓰이는지 시각화된 아이콘으로 쉽게 확인할 수도 있다. 또한 영국의 공공데이터 포털의 재정회계 통계를 활용해 지방정부의 예산 규모를 지도 위에 시각화하여 시기별로 제공하고 있다. 주민들이 선호하는 공공서비스의 양을 조정하거나 사업비를 조정하면 자동적으로 연관된 다른 변수들(재산세 부담률, 서비스 생산을 위한 생산비, 1인당 납세 부담)이 조정되는 것을 일목요연하게 확인할 수 있다.

이 같은 투명한 세금 집행은 시민들이 정책을 평가하는 데 객관적인 자료 역할을 하고 있다.

.

빅데이터,
국가 전략 수립 도우미가 되다

미국, 빅데이터로 경제를 살린다

앞으로 빅데이터와 AI는 국가의 미래전략을 수립하는 핵심 도우미가 될 것이다. 빅데이터는 불확실성 시대에 미래를 예측할 수 있는 혜안을 제공하기 때문이다. 빅데이터는 건강보험 재정, 교통체계 개선, 환경 개선 등을 향상시키는 방법론을 제공할 수 있다.

미국, 영국, 싱가포르는 2000년대 중반부터 자국의 안전과 새로운 기회를 포착하기 위한 수단으로 정부 차원에서 데이터를 집중 활용하고 있다.

오바마 행정부의 과학기술정책 자문위원회는 2010년 국가 차원의 빅데이터 전략 수립의 필요성을 제시했다. 이어 2012년 3월 '빅데이터 연구개발 이니셔티브Big Data Research and Development Initiative를 발표한 데 이어 '빅데이터 연구개발 전략 계획The Federal Big Data Research and Development Strategic Plan'을 공개했다. 데이터를 혁신과 경제 활성화를 위한 도구로 삼자는 획기적인 구상이었다. 이를 위해 연방정부, 지방정부, 기업, 대학 및 NGO 간의 데이터 활용 협력체계를 구축했다. 나아가 유전자 연구 및 의료, 교육, 지구과학, 국방 분야, 제약, 항공우주 등 빅데이터 활용 효과가 뛰어난 분야를 대상으로 혁신적인 새로운 비즈니스 모델이 개발되도록 했다.

EU, 위기 극복의 기회를 창출하다

EU에서는 금융 위기와 자연 재해를 겪으면서 불확실한 미래 탐구, 사회의 지속가능성과 복원력 탐구를 위해 빅데이터를 활용하는 전략을 세웠다. 미래정보기술FuturICT와 아이노우iKnow프로젝트가 전략의 핵심이다. FuturICT는 전 지구적 사회, 경제, 환경 및 기술 분야에서 정적 및 동적 데이터를 확보하고, 미래에 대한 시나리오 연구, 시뮬레이션을 실시하는 '지구 신경망 시스템Planetary Nervous System', '전 지구 시뮬레이터Living Earth Simulator' 프로젝트를 진행 중이다. 지구 신경망 시스템은 글로벌 센서 네트워크를 이용해 지구 전체의 사회, 경제, 환경, 기술 분야에서 빅데이터를 토대로 세계를 이해하는 새로운 지식과 패러다임을 만들고, 빅데이터를 활용해 복잡한 사회 시스템을 혁신하는 시도를 하고 있다.

EU는 또한 동일본 대지진과 쓰나미로 인한 자연 재난 등을 미리 예측하지 못한 한계를 인식하고 'iKnow' 프로젝트를 진행 중이다. 유럽과 전 세계의 과학, 기술 및 이슈 네트워크 등 방대한 데이터를 기반으로 한 시스템을 구축해 세계의 재난 등을 미리 알고 이를 알리려는 것이다. 일본도 다양한 센서 데이터를 활용해 재난 대응 능력을 강화하고 있으며, 싱가포르 역시 데이터를 기반으로 한 국가 위험 관리 시스템을 만들어 국가 안전 관리에 나서고 있다.

국립방재연구원도 강우, 수위, CCTV 등을 재난 안전 관리 분야의 중요 데이터로 축적해 재난을 미리 감지하고 예측하는 시스템 개발을 고민 중이다.

영국, 빅데이터로 미래를 전망한다

영국은 데이터를 활용해 국가의 미래전략을 수립하고 있다. 영국은 '호라이즌 스캐닝 센터The Foresight HSC'를 만들어 최신 과학이론과 데이터 등 증거 기반의 정책분석 서비스를 제공하고 있다. 구체적으로 다양한 주제와 이슈들의 연관 분석을 통해 10~15년 이후 미래를 전망함으로써 미래의 신성장동력 발굴Future Projects 아이디어를 제시하고 있다.

또한 정부의 미래전략 및 정책 개발을 위해 필요한 미래분석 가이드와 방법론을 제기하고 STEEP(정치·경제·사회·환경·기술)별로 50년 이후의 정책 이슈를 포괄하는 연구 및 정책 보고서 검색 서비스를 제공하고 있다. 미래 연구 분석가 네트워크를 구축해 미래 연구에 대한 브레인스토밍이 일어나게 하는 것도 중요한 역할 중 하나이다.

그 결과 HSC는 과학적 근거를 기반으로 영국인의 비만 대책을 수립할 수 있었고, 4면이 바다인 영국의 지정학적 특성으로 인해 발생하는 해수면 상승으로 30~100년 뒤 발생할 위험을 관리할 수 있는 해법을 찾았다.

싱가포르, 국가 위험요소를 찾아내다

싱가포르는 빅데이터를 활용해 국가 안전을 위협하는 위험요소를 찾아내기 위한 주변 환경 변화를 탐지하고 있다.

싱가포르는 2004년부터 국가 안전을 위협하는 요소에 대한 평가와 주변 환경 변화를 탐지해 새로운 기회를 발굴하는 RAHSRisk Assessment Horizon Scanning 프로그램을 운영하고 있다. 환경 탐색Horizon Scanning을 통해 획득한 데이터를 분석해 국가의 안전에 영향을 미칠 수 있는 잠재적 위험요소와 불확실성 요소를 찾아내 대응하고 있는 것이다.

2007년에는 데이터분석 실험센터RAHS Experimentation Centre를 창설하여 새로운 미래연구 방법론 및 기술들을 개발 탐구하고 해외 연구소와 긴밀한 협력체계를 구축했다. 특히 해상 테러, 해안 침투 등 해인 인진 '싱횡'을 파악하기 위해 만든 '해상 상황 인식Maritime Situational Awareness' 프로젝트는 조류독감 발생에 따른 대응 시나리오 수립에 큰 도움을 줬다.

데이터,
경제를 살리다

데이터, 취약계층의 일자리를 창출하다

지방자치단체는 사회 취약계층이 지자체에 지원을 신청하기 전에는 어떤 도움이 필요한지 알 수 없다. 이에 선제적으로 대응할 수 있는 방법이 없을까.

경기도 남양주시는 국민연금공단과 빅데이터를 분석해 선제적으로 지원 대상을 파악해 소득 창출의 기회를 주기로 했다. 공단과 지방자치단체의 업무 추진 과정 중에 축적된 대량의 데이터가 분석대상이 됐다. 국민연금공단이 갖고 있는 취약계층에 대한 데이터를 비롯해 남양주시가 갖고 있는 구직자별 구직 신청목록, 연봉, 성별, 학력 등을 매개로 드러난 지역별·업종별·연령대별·소득금액별 취업 희망자를 분석했다.

이를 토대로 교육훈련 계획과 희망일자리 상담소 설치, 사업장 매칭 등의 계획을 세워 일자리를 알선하고 있다.

데이터, 문화·관광 축제를 활성화하다

데이터는 관광 활성화에도 큰 기여를 한다. 전주시는 빅데이터를 활용해 한옥마을 관광을 활성화시켰다. 이를 위해 통신사 유동인구 데이터, 카드사 매출정보, 기상청 날씨 데이터, SNS 키워드와 리뷰 데이터, 유가와 환율 정보, 교통량 정보 등으로 구성된 빅데이터를 구축했다. 이를 토대로 한옥마을 내 동선 및 상권을 분석하고 한옥마을에 집중된 관광객의 이동범위를 파악해 전주시 전체로 분산 확대하는 관광 활성화 플랜을 완성했다. 이를 통해 봄, 가을에는 가족 단위 방문객을, 여름·겨울에는 20대 젊은 층을 겨냥한 이벤트와 콘텐츠 확보의 필요성, 전주시를 거점으로 한 전북 연계 관광지 발굴, 맞춤형 관광코스 개발, 근거리 지역(충남, 대전)과 영남권, 서울 강북지역 홍보 활동 강화의 필요성 등의 결론을 도출해냈다. 이러한 분석으로 한옥 방문객과 지역 방문객이 동시에 늘어나는 효과를 얻었다.

우리나라는 전국이 지방 축제 홍수다. 예산 낭비라는 지적도 있지만, 지역경제를 활성화하고 지역 이미지를 개선하는 효과가 있어 주목받고 있다. 어떻게 하면 이들 축제에 방문객이 북적이게 할 수 있을까

한국관광공사는 양양 송이축제, 보령 머드축제, 무주 반딧불축제, 담양 대나무축제, 함평 나비축제, 강경 젓갈축제, 풍기 인삼축제 등 전국

대표 축제 16개의 사례를 빅데이터로 분석했다. 그 결과 성공적인 축제를 만들기 위해서는 방문객들의 광역시도별 유입 강세지역과 약세지역의 분류 및 원인 분석, 해당 지자체 지역주민들의 유출입 경로 파악이 중요한 것으로 나타났다. 날짜·시간·성·연령별 유동인구의 흐름과 주요행사 간 연관 분석을 통해 방문객들이 선호하는 행사의 내용과 특징을 알아내는 것 역시 중요하다는 사실을 확인했다.

기상 데이터, 농산물 생산성을 알려주다

농작물은 날씨의 영향을 가장 많이 받는다. 기상청과 농촌진흥청은 과거 병해충 발생 정형 데이터와 비정형 데이터를 비교 분석해 병해충 발생 실시간 모니터링 체계를 만들었다. 또한 기후 및 기상자료 분석을 통해 곡물 생산량을 예측하고 생산량에 영향을 미치는 요인을 분석했다. 이를 통해 얻은 결과로 농작물 수급 조절을 위한 다양한 정책 근거를 제공할 수 있었고 농부들의 농작물 생산성 증가에도 도움을 줄 수 있게 됐다.

스웨덴 기업 '이그니시아IGNITIA'는 낙후지역 농민을 위한 열대지역 일기예보를 제공한다. 이 기업은 열대기후 패턴을 예측해 서부 아프리카 농민에게 제공하고, 기후 변화 예측을 통해 농작물의 생산성 향상을 돕고 있다. 이그니시아는 세계 기상예보보다 2배 이상 정확한 일기예보를 제공하며 실제 열대지역 소규모 농민들의 농업 생산성 증대에 기여했다는 평가를 받고 있다.

데이터, 근로감독 사업장 선정을 과학화하다

작업장 사고 예방을 위해 근로감독 사업장 선정은 중요한 과제이다. 근로감독관이란 기초 고용질서를 포함한 근로기준법이 잘 지켜질 수 있도록 감시하는 노동 분야의 특별사법경찰로 사업장에 대한 근로감독을 실시하고 있다. 하지만 근로감독관의 수가 적어, 연간 총 사업장의 1.5% 정도밖에 지도감독이 안 되는 실정이다. 따라서 근로감독관을 적재적소에 배치하는 일은 매우 중요한 과제이다.

고용노동부는 이를 위해 먼저 사업장의 업종, 업력, 종업원 구성, 보험 가입 실태, 위험물 취급 실태 등을 고용노동부뿐 아니라 근로복지공단 등 다양한 기관의 데이터와 연계한 통합정보 데이터를 수집했다. 이렇게 모은 많은 데이터를 과거 근로감독 결과와 비교 분석한 후, 근로기준법 위반 확률이 높은 사업장을 예측해 근로감독 대상 사업장을 선정했다.

데이터 벤처가 온다

다가올 10년은 데이터 벤처기업 전성시대가 될 것이다. 축적된 데이터를 분석해 통찰력을 찾아내고 새로운 혁신 서비스를 만들어내는 게 데이터 벤처기업이 해야 할 중요한 역할이다. 데이터를 가공, 융합해 '돈이 되는' '쓸 만한' 데이터를 생산해 혁신을 일으키는 것도 데이터 기업의 몫이다. 수많은 데이터 기업이 처음 시작할 때부터 '빅데이터 벤처'를 꿈꾼 것은 아니었다. 하지만 빅데이터를 확보하면서 상황이 달라졌다.

DVD 대여업체로 시작해 동영상 콘텐츠를 제공하는 세계적인 기업으로 부상한 넷플릭스는 수많은 회원을 확보하며 세계적인 데이터 기업이 됐다. 전체 가입자 1억 6,000만 명이 이들의 캐시카우 역할을 하고 있다. 아마존도 처음에는 온라인 서점에 불과했다. 하지만 지금은

'아마존 프라임' 회원만 세계 인구의 1.3%(1억 명)에 달하는 세계 최대의 전자상거래 기업이 됐다. 전자상거래 사이트에서 구매이력을 분석해 상품을 추천하고, 사이트 안에서의 행동 이력과 클릭률을 분석해 사이트 환경을 개선하는 등 빅데이터를 철저하게 활용해 성장가도를 달려왔다. "아마존에서는 데이터가 모든 것을 지배한다Data is King at Amazon"라고 밝혔을 정도로 아마존의 본질은 전자상거래 사이트도 시스템 회사도 아닌, 빅데이터 기업이다. 아마존은 전자상거래 사이트, 킨들, 아마존 에코, 아마존 알렉사, 아마존 고, 홀푸드 등 수많은 채널을 통해 닥치는 대로 데이터를 수집하고 있다. 그리고 데이터를 철저하게 분석해 최상의 서비스로 탈바꿈시킨다. 수많은 데이터를 앞세워 추천 강화, 상품 강화, 애프터서비스 강화, 신상품 개발, 생산성 강화, 속도 강화, 비용 절감, 업무 개선 등을 완벽하게 실천하고 있다.

'데이터 벤처'가 온다

빅데이터, 최대 투자처가 되다

최근 국내 벤처 투자가 가장 활발하게 이루어지는 분야는 바로 '데이터 산업' 분야이다. 중소벤처기업부가 매년 초 발표하는 '벤처 투자 동향'에 따르면 빅데이터 산업에 대한 투자액은 2018년 1,048억 원으로 전년 대비 무려 309.4%나 늘어났다. 5G 산업 증가율인 383%에 이어 두 번째로 높은 증가율을 보였다. 세 번째로 높은 증가율을 보인 분야는 408억 원에서 1,369억 원으로 235.5% 늘어난 인공지능 분야였다.

빅데이터와 AI가 불가분의 관계라는 점을 감안하면 데이터 관련 산업에 대한 투자는 이제 막이 올랐다고 볼 수 있다.

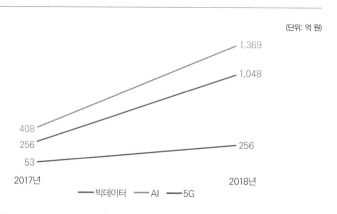

국내 벤처 산업 투자 동향

(단위: 억 원)

1,369

1,048

408
256
256
53
2017년   2018년

━━ 빅데이터 ━━ AI ━━5G

출처: 중소벤처기업부

데이터 관련 벤처기업들의 투자가 최근 급증한 이유는 빅데이터 관련 기술의 발달이 급진전을 이루고 있기 때문이다.

미국 조사기관인 '가트너'에서 매년 발표하는 '하이퍼 사이클Hyper Cycle'에 따르면 머지않아 '데이터 벤처' 기업이 주류 산업으로 부상할 전망이다. 하이퍼 사이클이란 가트너가 매년 2,000개 이상의 기술들을 분석해 안정적으로 생산하는 단계까지 얼마나 오래 걸릴지를 평가하고, 기업이 언제 그 기술을 수용할지 결정하는 데 도움을 주는 지표이다. 빅데이터 기술은 이미 2015년 하이퍼 사이클에서 졸업했다. 미국에서는 이때 무수히 많은 빅데이터 분야 스타트업들이 탄생했다. 그리고 지금 경쟁력을 발휘하기 시작하고 있다.

한국은 실리콘밸리보다 다소 늦긴 했지만 빅데이터 분야에 벤처 투자자금이 최근 급격히 투입되기 시작하면서 데이터 산업 생태계가 본격적으로 만들어지고 있다.

현재 국내에서 투자가 가장 활발히 이뤄지고 있는 5대 분야 스타트 업들은 모두 데이터를 기반으로 둔 신산업이다.

MBN이 주관사가 되어 구축한 '유통·소비 데이터 거래소'를 비롯해 주요 스타트업들의 비즈니스는 데이터 수집과 구축, 유통, 분석, 컨설팅 등을 통해 조직의 성과를 극대화할 수 있는 데 초점이 맞춰져 있다. 벤 처스퀘어에 따르면 2018년 국내 스타트업 투자 건수는 모두 418건이 고, 투자 유치금액은 4조 9,160억 원에 달한다. 투자가 이뤄진 11개 분 야 중 5대 주요 분야는 소비자·제품 서비스, 유통·서비스, 금융, 블록 체인, 부동산·임대 분야였다.

소비자 제품·서비스 분야에서는 모두 120건의 투자가 이뤄졌다. 이 는 푸드와 여행, 반려동물, 패션, 뷰티, 숙박, 교육, 배달 등 생활 관련 서 비스가 대부분이다. 주요 기업으로는 우아한 형제들, 야놀자, 트리플, 뤼이드, 크몽, 미소, 마켓디자이너스, 와그트래블, 클래스팅, 식권대장, 집꾸미기 등을 들 수 있다. 세부 분야로는 교육(에듀테크), 푸드(푸드테 크), 여행, 반려동물, 인테리어, 숙박, 홈클리닝, 채용, 패션, 뷰티, 차량 등 이 있다. 가장 많은 투자가 이뤄진 세부 분야는 교육(22곳) 분야이며, 뒤를 이어 푸드(9곳), 여행(6곳), 반려동물(6곳), 인테리어(4곳), 숙박(4곳) 순이었다.

유통·서비스 분야의 투자 건수는 43건으로 소비자 제품·서비스보 다 적지만 투자 금액은 2조 6,902억 원으로 총 투자금액 중 가장 많은 비중(53%)을 차지했다. 이는 쿠팡이 2조 4,000억 원에 이르는 대규모

투자를 유치한 데 기인한 것이다. 물론 이커머스와 물류, 운송택배 시장이 성장하면서 투자금이 몰린 것으로 풀이된다.

쿠팡 이외에도 마켓컬리, 코리아센터, 비투링크, 아이디어스, 링크샵스 등과 이커머스 분야 기업인 메쉬코리아, 바로고, 원더스 등 물류·운송 분야 주요 기업이 시리즈A 이상 투자를 유치하면서 유통·서비스 분야 성장을 견인했다.

데이터 기업,
글로벌 트렌드가 되다

존디어, 농업 데이터 기업으로 변신하다

미국 최대 농기계업체 존디어John Deer는 농기계 제조 기업에서 농업 데이터를 판매하는 기업으로 변신했다. 농업 관련 데이터만 판매해 연 매출 1조원을 달성했다. 180년간 농기계 제조만 해온 회사에서 데이터 기업으로 변신한 것은 획기적인 전환이었다.

존디어는 콤바인 등 각종 농기계에 다양한 센서와 통신 기능을 탑재해 농업 관련 데이터를 확보하고 있다. 이를 통해 기계 고장은 물론 농지 상태, 농산물 특징을 철저히 분석해내고 있다. GPS와 레이저 등 센서를 활용해 토양 상태를 측정하는 것부터 곡물을 심고 비료를 주고 수확하기까지의 전 과정에 필요한 정보를 수집해 사용자에게 제공한다. 머신러닝을 통해 필요한 곳에 필요한 만큼의 비료나 농약을 투입할 수 있도록 함으로써 농사의 효율성을 높이고 생산비용을 절감할 수 있도록 돕고 있다. 나아가 부품의 노후나 고장 상태를 점검해 기계의 고장을 최소화하고 연비를 최적화한다. 또한 외부 데이터를 분석해 기상 정보를 제공하고 농작물 수요를 예측해 농부에게 알려줌으로써 농부들의 소득 창출을 돕는다. 농작물의 시장 가격을 예측함으로써 농작물의 최적 수확 타이밍은 물론 판매량 극대화 방법까지 데이터화해서 알려주고 있다.

존디어가 데이터 기업으로 변신한 것은 1999년 나브콤 테크놀로지를 인수한 뒤 GPS 기술을 활용해 농기계를 개발하면서부터다. 2017년에는 인공지능 벤처기업 '블루리버 테크놀로지'를 인수하면서 농업용 빅데이터 기술 및 인공지능 기술을 접목해 회사를 혁신시켰다.

인디고, 농작물 생산량을 혁신하다

미국의 데이터 기업 '인디고 어그리컬처Indigo Agriculture'는 데이터를 활용해 농작물 생산량을 높이는 혁신을 일으켰다. 농업은 현재 미국 빅데이터 시장에서 가장 주목받는 분야 중 한 곳이다. 농업과 관련한 기후, 토양, 날씨 등 수많은 데이터들은 공공성을 띠고 있어 다른 데이터들에 비해 접근하기가 쉽고, 활용도도 높기 때문이다.

농업 분야의 테크 기업 중 한 곳인 인디고 역시 투자자들의 이목을 끌며 2018년까지 6억 달러 규모의 투자액을 유치하며 승승장구하고 있다. 현재 인디고는 기업 가치를 35억 달러로 평가받는 유니콘 기업이 됐다. 보스턴에 있는 이 기업은 메사추세츠주에 있는 데이터·AI 기업 중 가장 많은 투자금을 유치한 회사이다. 메사추세츠주는 MIT와 하버드 등 명문대학이 있는 인공지능 기업 강세 지역인데, 이곳에서 사업성과 기술력 측면에서 가장 선도적인 기업이라는 평가를 받은 것이다. 그렇다면 인디고는 어떻게 높은 평가를 받을 수 있었을까.

인공지능과 빅데이터를 활용한 머신러닝 플랫폼을 통해 농산물의 생산성을 높일 수 있도록 했기 때문이다. 인디고는 면, 밀, 옥수수 등 다양한 농작물에 대한 방대한 데이터들을 기반으로 농작물 수확량을 증대시킬 수 있는 솔루션을 개발했다. 플랫폼을 통해 식물 건강에 어떤 미생물이 가장 유익한지를 예측해낸 것이다. 한편 농부들에게 농작물 저장 및 물류 개선 프로그램을 만들어 제공하고 있으며, 종자 제공에서 최종 판매, 공급업체와 구매자를 연결하는 마켓 플레이스 서비스까지 제공하고 있다.

인디고가 주목을 받을 수 있었던 혁신의 출발은 특별한 면화 종자처리제Cotton Seed Treatment 개발이었다. 면, 밀, 옥수수 등의 작물 데이터를 토대로 이들을 경작할 때 수확량 손실을 가장 많이 초래하는 병원균인 총채벌레목thrips을 차단하고 가뭄 저항력을 높일 수 있는 종자 처방제를 시장에 내놓았다. 동시에 밀, 옥수수, 콩, 쌀, 보리 등의 생산량을 높일 수 있는 데이터까지 공개했다.

시게이트, 애그테크가 길을 제시하다

세계적인 하드디스크 제조사인 '시게이트Seagate'는 농업과 기술이 융합된 애그테크AgTech가 가져다 줄 농업의 미래를 제시하고 있다. 시게이트는 드론과 기상관측 기구, 토양 습도 측정계 등 각종 기기에서 전송된 자료를 취합하고 분석해 농업 현장에 제공할 수 있는 기술을 갖추고 있다. 특히 중앙 집중식 데이터센터 대신 분산된 소형 서버에서 데이터를 실시간으로 처리하는 '엣지 컴퓨팅edge computing' 기술을 통해 정보 처리 효율성을 높이고 있다. 엣지 컴퓨팅은 평창 동계올림픽에서 선보인 드론 쇼나 자율주행 자동차 등에도 적용된 기술로, 미국 IT 컨설팅 전문기업 가트너가 2018년 IT 10대 전략 기술 중 하나로 꼽기도 했다.

오페라 솔루션즈, 예측 솔루션을 제공하다

미국 뉴욕에는 빅데이터 분석기업 '오페라 솔루션즈 Opera Solutions'가 있다. 이 회사는 '시그널 허브'라는 빅데이터 분석 플랫폼을 활용해 머신러닝 기법으로 빅데이터를 분석해 미래를 예측하고 있다. 이른바 새로운 가치를 창출할 수 있도록 예측 패턴 '시그널Signal'을 추출하고, 기업들은 이 시그널을 활용해 최적의 의사결정을 내릴 수 있도록 도와주는 것이다. 시그널이란 문제를 해결할 수 있는 유의미한 패턴을 빅데이터로부터 찾아낸다는 뜻이다. 오페라 솔루션즈는 이 같은 방식으로

서비스 예측 분석, 개별 소비자의 행동 예측, 병원에서의 수익 창출, 기업 보안 또는 브랜드 평판 관리 등 특정 비즈니스 분야에 맞춤식 서비스를 제공하고 있다.

2004년 설립된 오페라 솔루션즈는 뉴욕에 본사를 두고 있으며, 런던, 보스턴, 샌디에이고, 상하이, 뉴델리 등에 진출해 사업을 확장하고 있다.

스노우플레이크, 데이터 클라우드 창고를 짓다

'스노우플레이크Snowflake'는 2억 6,300만 달러의 투자를 유치하면서 클라우드 기반 데이터 웨어하우스data warehouse 최초의 유니콘 기업이 됐다. 데이터 웨어하우스란 정보data와 창고warehouse의 의미가 합성되면서 만들어진 단어이다. 사용자의 의사결정에 도움을 주기 위해 방대한 조직 내에서 분산 운영되는 각각의 데이터를 공통의 형식으로 변환해 통합 관리하는 데이터베이스를 말한다. 따라서 보통 조직 내 의사결정을 지원하는 정보 관리 시스템으로 이용되고 있다. 줄여서 DW로도 불린다.

데이터가 폭발적으로 쌓이면서 클라우드를 매개로 한 웨어하우스가 각광받고 있다. 스노우플레이크는 처리할 수 있는 데이터의 양과 동시 쿼리Query 수에 대한 제한을 없애 더욱 큰 주목을 빚었다. 독특한 3-계층 아키텍처를 갖춘 스노우플레이크는 페타바이트Petabyte 규모의 데이터에 대해 수백 개의 동시 쿼리를 실행할 수 있다. 사용자는 클라우드 비용을 효율적이고 탄력적으로 운용할 수 있으며 필요에 따라 가상 웨어하우스를 만들고 없앨 수도 있다.

캐글, 데이터 과학자를 연결하다

호주 멜버른에 자리잡은 '캐글Kaggle'은 데이터 사이언티스트 커뮤니티를 만들어 기업들의 애로사항을 해결할 수 있는 플랫폼을 구축했다. 데이터 과학자들이 머신러닝 알고리즘으로 기업에서 제공한 도전 과제를 풀기 위해 경연하는 웹사이트를 운영한다. 특정 문제를 해결하기 위한 과제를 플랫폼에 올리면 분야별 데이터 전문가들이 서로 경쟁하는 방식으로 해법을 찾아서 올려준다. 데이터 과학자들은 대회에 참가해 자신의 실력을 뽐내고, 기업들은 눈에 띄는 데이터 과학자들을 스카웃하는 창구로 활용하고 있다.

이 웹사이트에는 흥미로운 과제들이 많이 올라와 있는데, 몇몇 과제들에는 큰 상금이 걸려 있기도 하다. GE와 알래스카 항공Alaska Airlines에서 제시했던 비행 퀘스트 과제에는 총 상금 25만 달러가 걸려서 화제가 되기도 했다. 알래스카 항공이 가진 수많은 데이터를 분석해 항공기 조종사들이 보다 효율적으로 연착 없이 운행할 수 있도록 도와주는 것이 과제의 목표였다. 데이터 안에는 날씨를 비롯한 수많은 변수들과 각 상황에서 비행기가 어느 정도 시간이 걸려 도착했는지, 연착이 되지는 않았는지 등의 정보가 들어 있었다. 이 과제는 173개 팀, 236명의 데이터 사이언티스트들이 경쟁할 정도로 인기를 끌었다.

이 회사의 성장성이 돋보이자, 구글은 지난 2017년 3월 캐글을 전격 인수했다.

클라이미트, 농업을 혁신하다

'클라이미트 코퍼레이션Climate Corporation'의 창업자 데이비드 프리드버그David Friedberg는 농민들이 점점 변덕스러워지는 날씨 때문에 농사에 어려움을 겪고 있다는 사실을 알게 됐다. 그는 데이터를 모으기로 했다. 특정 지역의 날씨 모니터링, 작물 데이터 모델링, 고해상도 기상 시뮬레이션 등 농업 분야에서 가장 진보한 기술 기반을 구축해 사계절 모니터링을 거치며 완벽한 농업 날씨 데이터 기업을 탄생시켰다. 미국 250만 개 지역의 기후 정보 데이터와 과거 60년간의 수확량 데이터, 1,500여 곳의 토양 데이터 등을 확보한 것을 기반으로 개발한 지능형 소프트웨어 플랫폼을 공급하고 있다. 클라이미트는 이를 토대로 날씨 관련 보험 상품까지 판매하고 있다. 글로벌 기후 시뮬레이션 모델링과 지역 날씨 모니터링 시스템을 이용해 고객별로 맞춤화된 날씨 보험을 만들어준 것이다. 농부들은 이를 이용해 가뭄과 냉해 피해에 대비할 수 있게 됐다.

이 회사의 가치를 높이 평가한 글로벌 농업기업 몬산토는 1조 원(9억 3,000만 달러)을 투자해 클라이미트를 인수했다. 클라이미트는 지역별 날씨 모니터링을 통한 날씨 데이터와 농업 관련 데이터를 연결시켜 작물 재배 시뮬레이션을 했다. 즉 날씨와 농업 빅데이터를 연결시켜 혁신을 일으킨 것이다. 그 결과 농부들은 적은 노동력으로 더 많은 작물을 생산할 수 있는 가능성이 높아져 모든 사람들이 혜택을 받을 수 있게 됐다.

루커, 데이터 분석시장을 선도하다

구글이 빅데이터 분석업체 '루커Looker'를 인수하기 위해 지불하겠다고 발표한 금액은 26억 달러(약 3조 원)였다. 지난 2014년 스마트홈 업체 네스트를 32억 달러(약 3조 8,000억원)에 사들인 이후 5년 만에 가장 큰 규모였다. 구글이 3조 원이나 주고 루커를 인수하려는 이유는 클라우드 사업에 속도를 내기 위해서라는 분석이 지배적이다.

클라우드는 각종 데이터를 저장하는 공간이나 소프트웨어 등을 온라인으로 제공하는 서비스다. 클라우드를 활용하면 언제 어디서든 필요한 자료를 불러오거나 소프트웨어를 설치하지 않고도 사용할 수 있다. 인공지능, 자율주행차, 사물인터넷 등 데이터를 기반으로 한 신기술이 빠르게 발전하고 확산되면서 클라우드 서비스의 활용 범위도 확대되고 있다.

구글은 루커를 클라우드 조직으로 편입하고 자사 서비스인 '구글 클라우드 플랫폼GCP'에 루커 제품을 통합할 예정이다. 구글은 루커를 활용해 클라우드를 기반으로 한 데이터 분석 서비스 시장에서 더 다양한 전략을 펼칠 수 있게 될 것이다.

루커는 지난 2012년 미국 캘리포니아 산타크루즈에서 설립된 회사로 기업이 빅데이터를 활용해 경영 전략을 짜거나 경영 효율화, 성과 관리, 시장 예측 등을 할 수 있도록 돕는 소프트웨어를 공급하고 있다. 데이터 분석 결과를 직관적으로 이해할 수 있도록 그래프나 표 등으로 만들어 보여주는 데이터 시각화 분야에서 경쟁력을 갖췄다.

스포티파이, 빅데이터로 1위 음원회사가 되다

빅데이터가 새로운 부를 창출하는 무기가 되고 있다. 판도라, 스포티파이, 알디오 등은 개인이 한두 가지 음악만 들어도 그 취향을 정확히 알아내 맞춤형 음악 서비스를 제공한다. 음원이 디지털로 바뀌면서 LP, 카세트테이프, CD로 이어졌던 기존 음악 시장이 붕괴할 정도의 지각 변동이 일어났다. 반면에 음원 다운로드와 유료 스트리밍 서비스는 새로운 빅데이터를 끊임없이 만들어내고 있다. 스포티파이, 애플뮤직, 판도라는 빅데이터를 활용해 고객이 가장 좋아하는 콘텐츠를 예측하는 맞춤형 서비스로 음악 콘텐츠 분야 최고의 빅데이터 업체가 됐다. 특히 스포티파이는 '취향 저격' 서비스로 세계 1위 음원 스트리밍 기업이 됐다. 스포티파이는 이용자가 어떤 노래를 많이 듣는지 분석한 뒤 이를 토대로 이용자가 좋아할 만한 노래를 추천하는 큐레이션 서비스를 제공한다. 추천 엔진이 빅데이터를 토대로 이용자 취향을 '저격'하는 노래와 아티스트를 정확히 찾아주고 있다.

데이터 벤처,
한국 데이터 생태계를 만들다

왓챠, 한국판 넷플릭스를 꿈꾼다

토종 온라인 동영상 서비스ott 왓챠가 글로벌 기업 넷플릭스에 도전장을 냈다.

왓챠는 개인 성향에 맞는 맞춤형 콘텐츠를 추천하는 개인화 서비스를 앞세워 넷플릭스와 경쟁을 벌이고 있다. 가입자 수는 2018년 약 300만 명에서 현재 650만 명으로 증가했다. 별점은 2018년 약 3억 8,000만 건에서 2019년 약 4억 9,000만 건으로 늘었다. 이 별점이 개인의 취향을 알아내는 핵심 데이터 역할을 한다. 왓챠는 별점 데이터를 수집해 보다 정교하고 세밀하게 이용자에게 맞춤형 영화를 제안하는 최적의 데이터 기반을 구축하고 있다. 이를 통해 '개인을 제일 잘 아는 기업'을 만드는 게 왓챠의 목표이다.

왓챠의 도서 기능은 2017년 처음 서비스되자마자 하루에만 35만 건의 평가 데이터가 축적되며 2018년 약 400만 건의 평가 데이터를 넘어섰다. 일부 인기도서나 신간의 경우 온라인 도서 판매점보다 더 많은 추천수를 기록하고 있을 정도로 이용자의 관심이 높은 편이다.

왓챠의 최대 특징은 이처럼 빅데이터를 분석해 개인 취향을 그대로 반영한 영화, 드라마, 도서를 추천해준다는 점이다.

플리토, 언어 데이터 기업을 만들다

플리토는 2012년 다양한 분야의 전문가들이 참여해 만들어진, 25개국의 언어를 번역해주는 집단지성 번역 회사이다. 173개 국가의 296만여 명이 전문 번역가로 활동하는 통합 번역 플랫폼을 만들어냈다. 플리토는 이들 전문 번역가가 번역한 언어 데이터를 축적해 고품질 언어 빅데이터를 구축한 언어 데이터 기업으로 변신했다. 플리토는 플랫폼을 통한 고품질 언어 빅데이터 구축 및 판매, 플랫폼 내 언어 서비스 제공을 통해 수익을 창출하고 있다. 집단지성으로 정제된 언어 빅데이터를 메타데이터, 주제별 분류 등으로 보다 세분화한 뒤 국내외 기업과 정부기관 등을 대상으로 판매하고 있다. 글로벌 고객사들의 재구매율이 높으며, 문자 데이디와 힘께 음성, 이미지 등 고부가 데이터에 대한 관심도 증가하고 있다.

플리토는 국내 유일의 언어 빅데이터 비즈니스를 구축하며 미래 성장 가능성을 인정받아 '사업모델 특례상장 1호 기업'으로 코스닥에 입성했다. 코스닥 사업모델 기반 특례상장은 기술력 평가가 어려운 기업의 상장 활성화를 위해 사업 성장 항목을 평가하고 있다.

한국신용데이터, 자영업의 매출 관리를 돕다

한국신용데이터는 메신저 앱 카카오톡에서 자영업자의 경영 현황을 간편하게 관리할 수 있는 자영업자 매출 관리 서비스 '캐시노트'를 만들었다. 출시 1년 10개월 만에 고객사 20만 곳을 돌파했으며, 캐시노트가 관리하는 사업장의 매출이 월 5조 원(누적 47조 원)을 넘어설 정도로 인기를 끌고 있다. 매출 관리를 비롯해 재방문 고객 관리, 세금계산서 관리, 고객 리뷰 관리, 상권분석 등의 서비스를 받을 수 있고, 소셜 네트워크 서비스에 올라오는 특정 가게 리뷰 모니터링을 서비스 받을 수도 있다. 중소사업자가 별도 앱 설치 없이 카카오톡만으로 사용할 수 있는 간편 회계 서비스이며, 사업자가 직접 관리하기 어려운 카드 매출 결제 및 미지급 조회, 재구매 및 신규 고객 분석, 사업용 계좌 조회 등 일곱 가지 기능을 제공받을 수 있다. 가장 중요한 것은 부분적으로 '유료화 서비스'가 제공되지만, 매출 관리 서비스를 받는 데 드는 비용이 '0원'이라는 점이다.

굿닥, 의료 정보를 혁신하다

굿닥은 내 주변에서 실시간으로 진료하는 병원과 약국을 찾을 수 있는 앱 '굿닥doodoc'를 선보여 국내 No.1 모바일 의료 플랫폼 기업이 됐다. 굿닥은 플랫폼 구축을 위해 공공데이터에 주목했다. 건강보험심사평가원, 국립중앙의료원 e-gen, 휴일지킴이 약국Pharm 14, 지방자치단체 업종별 인허가 공공데이터를 집대성했다. 이를 기반으로 전국 병원 및 약국 정보와 전국 응급의료기관 정보, 연중무휴 약국 정보를 알 수 있는 병원·약국 인허가 데이터 등을 활용해 사용자에게 필요한 의료 정보를 다채롭게 제공하는 서비스를 창출했다. 사용자가 늘면서 하루 평균 600만 건에 달할 정도로 새로운 데이터가 쌓이고 있으며, 전체 데이터는 10억 건을 돌파했다. 굿닥은 이 데이터로 새로운 혁신을 기획 중이다.

센드버드, 메시징 세계 1위가 되다

한국의 스타트업 회사인 '센드버드Sendbird'는 실리콘밸리로 곧바로 건너가 세계 1위 채팅 API 업체의 꿈을 이뤄냈다. 센드버드는 현재 1,200억 원 규모의 투자를 유치하며 주목을 받고 있다. 이 회사는 각종 앱에 채팅 기능을 탑재해주는 기술로 메시징 시장을 신도하고 있다. 버진 모바일, 세가 등 글로벌 기업뿐만 아니라 LG 유플러스와 KB금융 등 국내 기업, 미국 프로농구NBA, 야후 스포츠 등이 주요 고객이다.

2016년 8월 출시된 KB금융그룹의 리브Liiv의 핵심 기능 중 하나인 대화를 기반으로 한 송금·상담 '대화' 기능도 센드버드가 개발했다. 국내 외주 개발사 대부분이 정해진 스펙에 맞춰 납품형 개발을 하는 반면 센드버드는 클라우드 기반의 모듈화된 자사 솔루션을 통해 메시징과 채팅 기능을 구현할 수 있도록 함으로써 누구나 쉽고 빠르게 메시징·채팅 기능을 모바일 앱 안에 내재화할 수 있게 했다.

마켓컬리, 신선식품 판매를 예측하다

마켓컬리는 아마존마저 실패했던 온라인 신선식품 장보기 서비스를 정착시킨 스타트업이다. 밤 11시까지 주문하면 다음 날 오전 7시까지 고객의 문 앞으로 배달해주는 '샛별배송'이 고객의 마음을 사로잡았다. 2015년 9만여 건에 불과했던 샛별배송 건수는 2018년 376만여 건을 기록했다. 매출도 같은 기간 30억 원에서 1,571억 원으로 급증했다. 아직은 적자 상태지만 적자 폭도 줄어드는 추세다. 샛별배송의 성공 뒤에도 빅데이터가 숨어 있다. 마켓컬리의 '매출·물류 예측 시스템'이자 '주요지표 전사 공유 시스템'인 '데멍이(데이터를 물어다주는 멍멍이)'는 신선식품 폐기율을 일반 대형마트(2~3%)의 절반 이하인 1% 수준으로 낮출 수 있게 관리하고 있다.

알고리즘과 머신러닝에 의해 움직이는 데멍이 예측 시스템에는 지난 12주 동안의 해당 상품 판매 데이터가 원데이터로 활용된다. 이 데이터는 분 단위이기 때문에 하루 3,600건, 12주에 30만 2,400건이 투입되는 셈이다. 마켓컬리는 이를 기반으로 상품 판매 예측은 물론, 물류팀 등 인력도 효율적으로 관리할 수 있게 됐다.

차트메트릭, 음반 트렌드를 예측하다

차트메트릭은 음악 분야의 빅데이터 분석 스타트업이다. 게임빌 창업 멤버였던 조성문 대표가 실리콘밸리에서 창업했다. 차트메트릭은 음반업계의 트렌드를 정리해서 보여주는 빅데이터 분석 서비스이다. 음원 순위, 음원 판매량, 소셜 미디어상의 팬 규모 등 비정형적인 데이터를 분석해 해당 가수의 현재와 미래 영향력 등을 예측한다. 음원 다운로드 횟수는 물론 스트리밍 순위, 음반 판매량, 소셜 미디어 지수 등을 종합적으로 빅데이터화해 미래를 예측하는 것이다.

예를 들어 블랙핑크 각 멤버별 SNS 팔로워 수가 몇 명씩 늘어나고 있는지, 음원·유튜브 순위가 어떻게 변하는지, 경쟁 가수와 비교했을 때 누가 더 우위에 있는지, 어떤 국가에서 더 좋은 반응을 얻고 있는지 등을 한눈에 파악할 수 있다. 더 나아가 예측 옵션을 통해 내일의 지수도 가늠해볼 수 있다.

무신사, '데이터 드리븐 경영'을 하다

회원 수 470만 명, 입점 브랜드 3,500개, 거래액 4,500억 원. 2018년 급성장하며 국내 1위 온라인 패션 편집숍으로 성장한 무신사의 실적이다. 무신사가 성장한 이유도 판매 데이터를 축적한 데 있다. 무신사는 데이터를 기반으로 어떤 상품이 잘 팔리는지, 어떤 디자인을 더 선호하는지, 어떻게 상하의를 매칭해야 고객이 더 좋아하는지 등을 꾸준히 연구했다.

무신사는 이 분석 결과를 토대로 자체 브랜드 '무신사 스탠다드'를 출시했다. 별다른 광고 없이 무신사 플랫폼을 통해서만 판매했는데 놀랍게도 슬랙스 팬츠 시리즈가 30만 장의 판매고를 기록하며 대박을 터뜨렸다. 무신사가 하는 일은 상품 구매 후기, 커뮤니티 등 다양한 채널을 통해 수집된 데이터를 그 즉시 상품 개발에 반영해 끊임없이 개선하는 과정을 수차례 거치며 매 시즌 업그레이드된 상품을 시장에 내놓는 것이다. 현장 판매직원들의 감과 디자이너들의 패션 감각에 의존해 상품을 개발하는 기존 기업과 완전히 다르게 데이터에만 의존해 의사결정을 내리고 있다. 이른바 '데이터 드리븐Data Driven 경영'을 하고 있는 것이다.

지피클럽, 데이터로 유니콘 되다

화장품 회사 지피클럽은 데이터를 기반으로 고객의 취향을 찾아내 한국 기업으로는 9번째 유니콘 기업이 됐다. 지피클럽은 어떻게 데이터를 앞세워 그 흔한 화장품 시장에서 성공할 수 있었을까.

지피클럽은 화장품 출시 전 수년간 국내 브랜드의 중국 진출을 대행하며 데이터를 모았다. 이 과정에서 중국인들이 '피부의 윤기'를 중시

한다는 결론을 도출했다. 그래서 지피클럽은 꿀광·청광·윤광 시리즈 라인업을 갖추고, 마스크팩 'JM솔루션'을 내놓았다. 팩 한 장에만 45g의 에센스를 담아 효과를 극대화할 수 있도록 했다. 그렇게 만들어진 JM솔루션의 대표 상품인 '꿀광 로얄 프로폴리스 마스크'는 3억 장, '물광 SOS 링거 마스크'는 2억 장이나 팔렸다. 데이터에 나타난 결과로 고객의 취향을 정확히 찾아낸 것이 대박 신화로 이어졌다.

아이비엘, 데이터로 히트 상품을 만들다

아이비엘은 자동차 스크래치(흠집)를 지워주는 자체 PB상품 '몬스터 리무버'로 대박을 만들어냈다. 수많은 유사 제품의 실사용 고객 후기와 반응 등 약 1만 건의 데이터를 분석해 프리미엄 자동차 스크래치 타올을 만들었다. 고객 만족도와 리뷰 내 주요 키워드는 물론 기존 제품들의 장단점 내용까지 모두 분석했다. 그 결과 타올의 크기와 제거제 용량에 불만이 많다는 사실을 알게 됐다. 차량 스크래치는 물론 오토바이, 자전거, 보트 등 셀프 관리가 필요한 곳까지 사용하기 원한다는 사실도 알게 됐다. 또한 사용 시의 광택 효과는 물론 페인트 보호 효과도 원한다는 사실도 드러났다. 아이비엘은 고객들의 이 같은 니즈를 종합적으로 반영해 '몬스터 리무버'를 탄생시켰다. 타 제품 대비 용량을 2배로 늘려 사용 횟수나 수명을 2배로 늘릴 수 있었다. 그 대신 가격은 저렴하게 책정했다. 이 제품은 40만 개 이상 판매되는 '대박' 제품이 됐다.

데이터 거래소가 온다

데이터 거래소,
황금알을 낳는다

미국 데이터 거래소 150조 시장을 만들다

글로벌 기업들은 빅데이터를 활용해 수익을 창출하고 있다.

빅데이터는 주로 데이터 거래소에서 거래된다. 데이터 거래소는 수집한 데이터를 재가공하여 판매하는 회사를 의미한다. 특히 고객의 요구사항을 충족시키는 맞춤형 솔루션을 제공하는 데 적극적으로 집중하고 있다.

정부나 금융권, 의료업계 등 대형 사업이나 맞춤형 마케팅에 이르기까지 정보 수요가 급증하면서 원천 정보를 수집, 가공해 유통하는 데이터 거래소의 규모도 급성장하고 있다.

미국은 개인정보 활용을 쉽게 할 수 있는 제도를 갖추고 있어 세

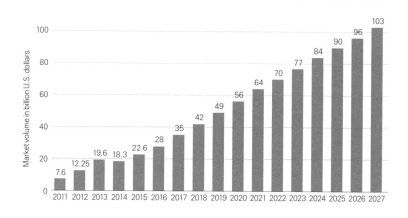

출처: wikibon

계 최대 규모의 민간 데이터 거래소 시장이 형성돼 있다. 그 규모는 약 1,500억 달러에 달한다. 이는 미국 정부 전체 정보 예산의 두 배나 되는 규모다. 데이터의 중요성이 커지면서 글로벌 데이터 거래소 시장에는 4,000개 이상의 데이터 거래소가 생겼다.

시장 조사기관 중 하나인 TMRTransparency Market Research에 따르면 전 세계 데이터 거래 시장은 2026년까지 연평균 11.5%씩 성장할 전망이다. 데이터를 카테고리별로 나눴을 때 소비자 데이터에 대한 수요는 3분의 1 이상을 차지할 것으로 추정됐다.

데이터, 유통시켜야 산업이 산다

데이터가 가치를 발휘하려면 데이터를 생산해야 한다. 생산된 데이터는 수요자가 필요한 데이터여야 하며, 필요로 하는 사람에게 전달돼야 한다. 데이터를 수집하고 구축하고 가공해서 사용자에게 전달하는 일련의 데이터 유통 플랫폼이 바로 데이터 거래소이다.

정부는 데이터 유통 생태계가 잘 작동할 수 있도록 도와야 한다. 데이터를 활용해 수많은 데이터 전문기업들이 의미 있는 가치를 발굴해 이를 다시 필요로 하는 사람에게 팔 수 있어야 한다. 지금 시장의 기업들은 데이터를 기반으로 시장을 분석하거나 새로운 서비스를 만들기 위해 필요한 양질의 데이터를 확보하는 데 목말라 있다. 특히 인공지능 기반의 서비스들은 알고리즘을 학습시키기 위해 양질의 데이터가 반드시 필요하다. 따라서 데이터 유통 생태계를 빠르게 구축하고 발전시켜야 한다.

데이터 경제의 핵심은 '고속도로'이다

인류 발달의 역사는 도로 발달의 역사였다. 과거 농업 경제 시대에는 농작물이 핵심자원이었다. 따라서 농산물 유통을 위해 소와 말, 사람이 다닐 수 있는 도로의 정비가 중요한 일이었디. 산업화 시대에 텔레비전, 냉장고, 비누 등 주요 공산품의 유통을 촉진시킨 인프라는 고속도로와 철도였다. 우리나라 산업 발전기에 한강의 기적을 가능하게 했던 핵심 인프라는 경부고속도로와 호남고속도로였다. 정보 혁명 시대의 핵심 경쟁력은 광대역통신망, 인터넷망 등 정보화 고속도로였으며, 스마트폰과 인터넷 통신의 경쟁력이 결정적이었다.

이제 데이터 경제 시대에는 '데이터 고속도로'가 필요하다. 데이터 경제 시대의 데이터 이동을 원활하게 해줄 고속도로는 바로 '데이터 거래소'이다. 정부는 데이터의 이동이 원활하게 이뤄질 수 있도록 만전을 기해야 한다.

맞춤형 광고 정보를 제공하는 '액시엄Acxiom'은 2018년 매출 1조 원이 넘는 데이터 거래소로 성장했다. 전 세계 7억 명의 소비자 고객 데이터를 기반으로 연 50조 건의 거래 내역을 자체적으로 가공·분석해 데이터를 판매하고 컨설팅하는 서비스를 제공하고 있다. 구글, 야후, 기타 기업의 고객 데이터를 수집해 소비자의 관심 정보를 분석함으로써 신상품 개발과 타깃 마케팅에 활용하고 있다.

미국에는 무려 650개가 넘는 데이터 거래소가 있다. 중국, 유럽, 일본도 데이터 경제 전략을 내세워 데이터 패권 경쟁 중이다. 그러나 한국의 데이터 활용도는 세계 31위이고, 기업들의 데이터 활용도는 7% 수준에 그치고 있다. 그 결과 미 CRN이 조사한 2018년 글로벌 100대 빅데이터 기술혁신 기업 중 국내 기업은 하나도 없는 실정이다.

늦었지만 한국 정부도 현재 빅데이터 플랫폼과 센터 구축을 추진 중이다. 데이터 거래소가 성공하려면 정부는 가장 먼저 법과 제도를 정비해야 한다. 데이터에 족쇄를 채워놓고 데이터 경제를 활성화하라고 하는 우를 범해서는 안 된다.

플랫폼을 구축하게 될 기업들이 한국의 데이터 산업을 세계적 수준으로 성장시킬 수 있도록 기업들의 데이터 보유 역량과 플랫폼 구축 역량, 실행력을 집중적으로 따져야 할 것이다.

미국,
650개의 거래소가 뛴다

미국, 데이터 천국을 만들다

데이터 거래에 가장 활발한 지역은 북미 지역이다. 북미 지역의 데이터 중개 시장은 세계 시장에서 가장 큰 규모이다. 데이터 거래는 향후 10년 정도 가장 큰 성장세를 보일 것으로 예상되고 있다.

미국과 캐나다의 비즈니스 애플리케이션 데이터 사용 증가는 이 지역에서 활동하는 데이터 중개에도 긍정적인 영향을 미치고 있다. 미국의 데이터 거래소들은 해당 산업이 발생한 지 그리 오래되지 않았음에도 상당히 많은 비중의 데이터를 보유하고 있다. 2019년 4월 현재 650개가 넘는 민간 데이터 거래소가 데이터를 사고파는 중개자 역할을 하고 있다.

라이브램프LiveRamp(전 Acxiom), 엡실론Epsilon, 익스페리언Experian 등 수많은 데이터 거래소가 데이터 비즈니스 생태계를 만들어내고 있다. 데이터 거래소는 소비자의 다양한 고객 데이터를 수집·가공·분석해 금융·유통 회사에 적합한 맞춤형 마케팅 서비스로 제공하는 등의 형태로 수익을 창출하고 있다.

이러한 전통적인 데이터 브로커 외에도, 데이터 시각화 플랫폼을 보유한 클릭처럼 주요 35개국의 기업 재무정보, 주식시세 정보, 인구·산업통계 정보 등을 분석한 데이터를 글로벌 유수의 기업에게 판매하는 창의적인 데이터 활용 스타트업들도 빠르게 성장하고 있다.

옵트아웃 허용 데이터 브로커 회사

회사명	옵트아웃 여부
411.인포(411.info)	허용
액시엄(acxiom)	부분적으로 허용
코어로직(CoreLogic)	허용
데이터로직스(datalogix)	허용
이뷰로우(eBureau)	허용
엡실론(Epsilon)	허용
피코(FICO)	부분적으로 허용
하테 행크스(Harte-Hanks)	허용
인포유에스에이(InfoUSA)	허용
인스턴트체크메이트(Instant Checkmate)	허용
인텔리우스(Intelius)	허용
렉시스넥시스(LexisNexis)	허용

미국 데이터 거래소의 특징은 데이터 수집 중단, 즉 옵트아웃Opt-out을 허용하고 있다는 점이다. 옵트아웃은 당사자가 자신의 데이터 수집을 허용하지 않는다고 명시할 때 정보 수집이 금지되는 제도다. 기업 같은 단체가 광고 메일을 보낼 때, 수신자가 수신거부 의사를 밝히기 전에는 모든 수신자에게 메일을 보내는 방식으로, 발송자에게 수신거부 의사를 밝혀야만 메일 발송이 금지된다. 옵트아웃을 허용하는 주요 데이터 거래소는 라이브램프와 411닷인포411.info, 코어로직CoreLogic, 데이터로직스DataLogix, e뷰로eBureau, 엡실론, 피코FICO, 하트한크Harte Hanks, 인포USAInfoUSA, 인스턴트체크메이트Instant Checkmate, 인텔리우스Intelius, 넥시스넥시스LexisNexis 등이 있다.

라이브램프, 마케팅 데이터를 거래하다

마케팅 데이터를 거래하는 데이터 거래소 가운데 가장 큰 기업은 미국의 라이브램프이다. 전 회사였던 액시엄의 마케팅 부문인 AMSMarketing Solutions가 2018년 7월 광고회사인 인터퍼블릭 그룹Interpublic Group에 23억 달러에 인수되면서 회사명이 라이브램프로 변경됐다. 이 회사는 2만 3,000대의 서버, 전 세계 5억 명의 소비자 데이터, 그리고 1인당 최대 1,500개의 데이터 항목을 보유하고 있다. 1,400개가 넘는 브랜드가 로열티 카드store loyalty card에서 데이터 거래소까지 정보를 판매하고 있다. 모든 회사가 그들의 정보를 소비자가 볼 수 있도록 허락하는 것은 아니며, 일부 회사만 소비자에게 본인의 정보를 볼 수 있도록 제공하고

있다. 또한 사이트에서는 사용자로
부터 수집된 데이터를 보고 잘못된
정보를 수정할 수 있다.

라이브램프는 2018년 매출 1조 원이 넘는 데이터 거래소로 성장했
다. 전 세계 7억 명의 소비자 고객 데이터를 기반으로 연 50조 건의 거
래 내역을 자체적으로 가공·분석해 데이터를 판매하고 컨설팅하는 서
비스를 제공하고 있다. 구글, 야후 등 기업을 매개로 고객 데이터를 수
집해 소비자의 관심 정보를 분석함으로써 신상품 개발과 타깃 마케팅
이 가능하도록 하고 있다.

엡실론, 소비자 데이터를 판다

엡실론은 프랑스의 광고기업 퍼블리시스 그룹Publicis Groupe 산하의
데이터 마케팅 업체이다. 데이터 원본을 제공하거나 데이터 솔루션을
제공하는 회사로 업계를 선도하고 있다.

엡실론은 주로 인증받은 소비자 거래 데이터 또는 소비자 조사 데이
터를 마케팅 목적으로 독점 제공받아 공급하고 있다. 수십 년간 데이
터 자산을 구축하고 전략적 인수M&A를 통해 데이터 거래소로서의 역
할을 강화하고 있다.

엡실론은 구매 관련 데이터를 미래의 구매행태를 보여주는 가장 좋
은 지표로 판단해 600억 건의 구매와 3조 5,000억 달러의 소비자 지
출 정보를 수집해 거래소를 통해 판매하고 있다. 이를 마케팅을 위한

용도로 가공해 판매함으로써 유통 기업들의 마케팅 효과를 극대화하는 데 큰 도움을 주고 있다. 특히 가맹점 수준의 트랜잭션 데이터 등 예측성이 높은 소비자 및 B2B 구매 데이터를 활용해 클라이언트가 핵심 타깃을 찾아 이익을 증대시킬 수 있도록 돕는 특화된 데이터를 제공하고 있다.

소비자들로부터 직접 얻은 옵트인Opt-in 데이터를 가지고 미국에서 가장 큰 협업 데이터베이스와 북미에서 가장 거대한 규모의 조사 데이터베이스를 관리하고 있다. 현재 3,000개 이상의 브랜드를 고객사로 유지 중이며 모든 채널과 최고의 디지털 플랫폼을 통해 데이터를 활성화시켜 이들 고객사에게 제공하고 있다. 특히 엡실론은 효율적인 옴니채널을 통해 타 데이터 거래소 회사나 소셜 미디어 서비스에 데이터를 제공하고 있다.

코어로직, 부동산데이터를 팔다

코어로직은 산업계와 정부에 재무 정보와 부동산 정보에 기초한 분석 데이터를 팔고 있다. 연간 8억 건의 부동산 거래 정보와 약 1억 건의 담보 데이터베이스를 보유하고 있다. 특히 50년 이상의 기간별 데이터 및 경험 기반의 솔루션을 제공하며 신속한 데이터의 일일 업데이트 기능을 갖고 있다. 수천 개의 다양한 소스에서 데이터를 바로 수집하고, 5,000가지 유형의 여과되지 않은 콘텐츠를 공급하고 있으며, 여러 소스를 활용해 데이터 정확도를 검증하고 있다. 또한 표준화되고 일관된

CoreLogic 홈페이지 메인화면

출처: CoreLogic 홈페이지(https://www.corelogic.co.nz)

40개 이상의 독점 알고리즘을 통해 3,100개 이상의 지역에 일관성 있
는 데이터를 제공하고 있다.

유럽,
917개의 거래소가 뛴다

공공데이터를 통합 제공하다

　유럽연합에는 모두 917개의 데이터 거래 플랫폼이 있다. 하지만 시장 내 비중은 크지 않다. 유럽연합 집행위원회European Commission가 산·학·연 컨소시엄 지원을 받아 2015년 구축·개발한 공공주도 데이터 플랫폼 EC(유럽위원회) 빅데이터 유럽포털europeadataportal.eu에서 유럽 34개국의 공용 데이터포털에서 제공하는 형태로 공공정보를 한곳으로 끌어 모았다. 유럽연합 집행위원회에서 직접 사이트를 운영 중이며 지역 도시·농업·에너지 등 15개 카테고리로 분류해 운영하고 있다. 다양한 주체들이 데이터를 수집하여 가공·유통할 수 있도록 도와주는 개방형 데이터허브DATAHUB는 기상, 인구, 경제, 교육, 축구, 헬스케어,

인플레이션, 부동산, 주식, 물류, 머신러닝, 영화, 기업 공개 데이터 등 총 21개 데이터 컬렉션을 제공하고 있다. 클라우드 기반으로 데이터 저장소, 활용, 자료 게시 등의 기능을 제공하고 보고서, 텍스트, 이미지, 사운드, 비디오 등 다양한 형태의 데이터를 제공한다. 가격 정책은 기초 데이터는 무료이고, 가공 융합된 맞춤형 데이터는 유료로 판매하고 있다.

영국의 '픽셰어Figshare'는 학술 및 논문 자료 같은 연구 관련 데이터를 공유하고 유통하는 플랫폼 역할을 하고 있다. 주로 병원, 연구기관, 개인 클리닉, 재활센터, 의학실험실, 제약회사 등에 총 21개 분야의 연구 자료를 제공하고 있다. 영국의 '오픈 코퍼럿Open Corporates'은 전 세계 기업들의 데이터를 제공하는 온라인 데이터베이스로 229개 관할 권역의 약 1억 4,000건에 달하는 회사 데이터를 보유하고 있으며 무료로 운영되고 있다.

프랑스의 '다웩스Dawex'는 데이터를 안전하게 구매하고 판매할 수 있는 신뢰성 있는 제3자로서의 역할을 하고 있다. 자동차, 농업, 금융, 에너지, 소매, 건강, 환경, 공공, 미디어, 운송, 통신, 서비스, 관광, 마케팅, 부동산, 우주 및 비영리 단체의 정보를 등급제로 권한을 분류해 월 사용료를 받고 있다. 폴란드의 '큐데이텀qDatum'은 데이터를 사고 팔 수 있는 거래소 형태로 운영된다. 광고, 자동차, 소비자 구매, 금융, 건강, 모바일 및 웹 데이터셋을 거래한다.

덴마크의 코펜하겐 데이터 거래소는 시 정부는 물론 기업들이 얻은 데이터를 서로 거래하고 데이터 분석을 통해 시너지를 낼 수 있도록 돕고 있다.

일본,
정부 주도로 거래소를 만들다

사물인터넷 데이터 거래를 주도하다

일본은 세계 최초로 사물인터넷 데이터 매매를 목적으로 한 'IoT 빅데이터 거래소'를 만들고 있다. 특이한 것은 정부(총무성) 주도로 데이터 거래소 설립이 추진되고 있다는 점이다. NTT, 히타치, 도쿄전력 등 일본의 민간 기업 100개가 정부를 도와 자사의 데이터를 생산해 제공하는 방식으로 데이터 유통 활성 프로젝트에 참여하고 있다. 특히 사물인터넷 거래소의 성공적인 추진을 위해 개인정보 보호법까지 개정해 데이터 활용의 기반을 만들었다.

일본 업체들은 로봇, 공작기계 등 강점을 가진 분야와 IoT 데이터의 접목을 통해 관련 산업을 육성하는 쪽으로 데이터의 가치를 높이고 있다.

59개 업체, 민간 데이터 거래소를 만들다

기업이 업무용 데이터를 사고파는 일본의 첫 민간 '데이터 거래소'는 2018년 10월에 출범했다. 데이터 거래 서비스업체인 '에브리센스 EverySense Inc. 재팬'이 운영을 맡고 59개 민간기업과 단체로 구성된 '데이터유통 추진협의회'에서 데이터를 생산하는 사무국 역할을 한다. 에브리센스는 거래 규칙을 만들어 데이터를 사고파는 관리자 역할을 하고 있다. 데이터를 판매하는 업체로부터 거래액의 10%를 수수료로 받는다. 2021년 거래총액 30억 엔(약 300억 원)을 목표로 하고 있다.

일본은 IoT 기술의 핵심인 센서 분야에서 글로벌 시장의 40% 가량을 차지하고 있는 만큼 개인 데이터의 국가 간 유통이 국제 사회의 주요 이슈가 될 것으로 보고 있다.

중국,
세계 첫 데이터 거래소를 만들다

정부 주도로 데이터 시장을 만든다

중국은 세계 첫 데이터 거래소인 '구이양 데이터 거래소'를 만들 정도로 데이터 유통에 관심이 높다. 중국에는 공공데이터를 주로 거래하는 구이양 데이터 거래소를 비롯해 이미 15~20개의 데이터 거래소가 출범한 상태다. 구이양시는 중국 정부의 출자로 세계 최초로 '글로벌 빅데이터 거래센터'를 설립했다. 중국은 신산업 정책을 적극적으로 추진하면서 빅데이터 산업을 중점 산업으로 지목해 정책적으로 지원하고 있다. 2015년 이후 '빅데이터'가 국가 발전 전략으로 승격된 이후 민관 공동 빅데이터 거래소가 생겨나기 시작했다.

상하이 데이터 거래소는 기업들이 수집한 정보를 익명화하는 프로그램을 제공해 데이터를 적극적으로 생산하고 유통할 수 있도록 지원하고 있다. 데이터 수요자와 공급자 간 거래를 중개하는 자체 플랫폼 '차이나뎁chinadep'을 통해 손쉽게 데이터를 거래할 수 있도록 돕고 있다. 또한 공식적인 데이터 가격 산정 기준을 만들었고, 데이터 공급 기업과 협의해 최저가를 산출해 중개하고 있다. 수요·공급 기업 매칭부터 청산·결제까지 모든 과정이 온라인상에서 이뤄진다. 거래소는 데이터 품질 및 표준 체크 가이드라인을 배포하고 샘플 데이터를 선별 검증하는 등 관리 업무에 집중한다.

특히 중국은 중앙정부가 앞장서서 데이터 거래가 활성화할 수 있도록 산하 부처를 중심으로 빅데이터 산업 진흥 계획을 수립하고 있으며, 관련 기술 개발과 인프라 도입을 적극 지원하고 있다.

한국,
신개념 빅데이터 플랫폼이 온다

10개 빅데이터 플랫폼이 온다

국내에서는 과학기술정보통신부와 한국정보화진흥원의 주도로 빅데이터 플랫폼 10곳과 빅데이터센터 100곳이 출범했다.

10개 플랫폼은 유통·물류(매일방송), 지역경제(경기도), 헬스케어(국립암센터), 중소기업(더존비즈온), 금융(BC카드), 교통(한국교통연구원), 문화·미디어(한국문화정보원), 환경(한국수자원공사), 한국산림(한국임업진흥원), 통신(KT) 등이다. 우리나라의 낙후된 데이터 생태계를 혁신해 기업들에게 성장의 기회를 제공하기 위해 허용했다.

100개 센터에서 수집된 데이터는 분야별 플랫폼에서 융합해 가공·분석하고, 이용 목적에 맞는 맞춤형 데이터로 재생산해 기업들에게 제공한다. 특히 다양한 데이터 분석도구와 AI 학습 알고리즘을 제공해 일반인도 쉽게 데이터를 분석하고 시각화할 수 있도록 지원하고 있다. 또한 데이터의 유통과 활용이 활발하게 일어날 수 있도록 데이터 등록 및 검증, 소재 통합검색, 유통 사후관리, 유통 표준약관 등을 마련할 계획이다.

국내 1호 데이터 거래소가 출범하다

MBN을 주관사로 한 유통·소비 데이터 플랫폼 컨소시엄이 국내 1호 데이터 거래소를 출범시켰다. MBN과 삼성카드, CJ올리브네트웍스, SK텔레콤, SK플래닛, 웰컴에프앤디, GS리테일 등이 유통·소비 데이터 거래소에서 함께 모여 데이터 생산 파트너십을 구성했다. 이와 더불어 NICE디앤알, 다음소프트, 로플랫, 빌트온, 식신, 온누리H&C, 지인플러스, 코리아크레딧뷰로, 한국우편사업진흥원 등 10개 빅데이터 센터가 데이터를 생산하고 있다.

MBN은 데이터 거래소를 통해 매경미디어그룹 소속 기자들이 작성한 기사 텍스트는 물론 동영상 데이터와 각종 부동산·증권 관련 데이터들을 공개한다. 210만 가맹점 데이터를 보유하고 있는 삼성카드는 소비자들의 카드 소비행태, 업종별 매출 정보, 지역별·시간대별 소비 정보를 가공해 제공할 예정이다. 2013년부터 빅데이터 사업을 시작한 CJ올리브네트웍스는 택배송장 유통 자료와 식자재 매출 데이터를, SK텔레콤은 가입자 기반 유동인구 통계를 제공하게 된다. GS리테일도

GS25 매출 분석 등을 통해 상품별 매출 규모와 성장성 등을 데이터 거래소 이용자들이 확인할 수 있도록 하고 있다.

유통·소비 데이터 거래소는 창업 컨설팅 지원을 통해 소상공인 폐업률을 약 10% 낮춘다는 목표를 갖고 있다.

BC카드는 소상공인 신용평가 고도화 등을 통해 금융 취약계층을 대상으로 중금리 대출이자를 2%포인트 절감해 연간 1조 원의 신규 대출 창출을 기대하고 있다. 중소기업 플랫폼을 구축하는 더존비즈온은 기업 회계, 경영 데이터를 기반으로 벤처기업 생존율을 27.8%에서 50%로 높이고, 부도율을 35.9%에서 15%로 낮춘다는 계획을 세웠다. 문화 플랫폼을 구축하는 한국문화정보원은 개인 맞춤형 원스톱 문화·체육 정보 제공을 통해 문화·예술 관람률과 생활체육 참여율을 높인다는 계획이다. 헬스케어 플랫폼을 구축하는 국립암센터는 정확한 치료 방법과 치료약 연구를 통해 암 환자의 생존율을 5% 높이고 환자 부담 의료비의 13%를 절감할 것으로 기대하고 있다. 통신 플랫폼을 구축하는 KT는 공간·생활·소셜 데이터와 5G 서비스가 연계된 데이터를 개방해 데이터 이용 기업의 매출을 5% 이상 높인다는 계획이다. 산림 플랫폼을 구축하는 한국임업진흥원은 임산업 규모의 15% 성장을 목표로 제시했다. 지역경제 플랫폼을 구축하고 있는 경기도는 지역화폐, 기업, 일자리 데이터를 개방해 소상공인과 지역 기업의 매출을 높이고, 2,000만 건의 지역화폐 데이터를 활용해 1조 3,000억 원 규모의 소비 촉진 효과를 기대하고 있다. 교통 플랫폼을 구축하는 한국교통연구원은 수개월이 걸렸던 데이터 제공 시간을 수일 내로 단축하고, 미래 신

교통 분야에 접목 가능한 자율주행차, 공유차, 스마트시티 관련 3대 분야 데이터셋을 제공할 계획이다. 환경 플랫폼을 구축하는 한국수자원공사는 수돗물 수질, 누수, 미세먼지 등 환경 문제에 대처하는 다양한 정보를 제공한다. 참여기관들은 빅데이터 민·관 협의체인 '데이터 얼라이언스'를 구성해 데이터 정책, 표준화, 유통 등 현안을 논의할 계획이다.

PART

7

데이터·AI 강국의 길

대한민국이 '빅데이터 강국'이 되려면 어떻게 해야 할까.
'데이터·AI 보고서 팀'은 카이스트 연구진과 수많은 국내외 데이터 전문가들의
조언을 통해 '액션 플랜'을 도출해냈다.

데이터 경제부를 만들자

데이터를 이동시켜라

대한민국 국민은 누구나 4차 산업혁명을 외치고 있다. 하지만 4차 산업혁명을 작동시키고 인공지능을 움직이는 원천이 될 데이터를 활용할 길이 막혀 있다. 모두가 데이터의 중요성을 외치고 있지만, 이를 활용할 법적, 제도적 정비를 위한 논쟁은 앞으로 나아가지 못하고 있는 실정이다.

따라서 '데이터 경제부'를 만들어 법적 규제의 장벽을 허물어야 한다. 데이터를 수집하고 융합하여 가공하고 활용할 수 있도록 '데이터 흐름'의 통로를 만들어야 한다. 그러나 현행법은 데이터의 이동을 원천적으로 차단하고 있다. 비식별 정보의 경우만 동의 없이 이동할 수 있는데, 이동 가능한 '비식별 정보'에 대한 정의조차 없다. 이 때문에 '비식별 정보' 데이터조차 사실상 비즈니스에 활용하는 게 불가능하다.

어렵게 개정 법안이 만들어져 익명 처리 데이터를 뜻하는 '가명 정보' 개념을 도입했지만, 여전히 국회에서 낮잠을 자고 있고 정부와 국회는 시민단체의 눈치만 보고 있다. 특정 개인을 알아볼 수 없도록 암호화한 데이터만 상업적인 통계 작성이나 연구, 공익적 기록 보존 등을 위해 활용할 수 있게 하자고 해도 그에 대한 이해가 부족한 실정이다. 대한민국이 '데이터 강국'으로 거듭나려면 데이터를 바라보는 대한민국의 지나친 개인정보 보호에 대한 오해의 벽을 허물어야 한다.

데이터 컨트롤타워를 만들어라

영국은 이미 2011년에 '디지털서비스청'을 신설했다. 2017년부터는 25개 정부 부처와 376개 정부 기관의 웹사이트를 하나로 통합해 모든 정보를 단일 창구를 통해 서비스하고 있다. 우리도 하루 빨리 영국 데이터청 같은 데이터 경제부를 설립해서 데이터 관련 입법이나 규제를 총괄해야 한다. 시대착오적인 현재의 법과 제도를 완전히 혁신해야 한다. 데이터 표준을 만들고 상호 호환될 프로토콜을 설정해 관리해야 한다.

카이스트의 정재승 교수는 "현재의 법은 초연결 지능형 네트워크 기반 데이터 사회에 적합하지 않다"라며 하면서 "사생활은 철저히 보호하되, 다양한 데이터 활용은 촉진하고, 활용주체들 스스로 보안을 철저히

하게 해서 시민들이 피해를 보는 일이 없도록 해야 한다"고 말했다.

공익 데이터, 방치하지 마라

우리는 공공기관에서 생산한 소중한 공익 데이터가 전 세계 어느 나라보다 많이 쌓여 있다. 국민건강보험공단과 건강보험심사평가원(심평원)이 각각 보유한 데이터는 약 7조 건에 이른다. 보건의료 데이터(건보 3조 5,000억 건, 심평원 3조 건)는 신약 개발 등 바이오 의료, 스마트 헬스케어 산업을 도약시킬 자원 역할을 할 수 있지만 그저 낮잠만 자고 있다. 비식별 기준이 모호하여 사실상 활용이 어렵기 때문이다.

이들 데이터가 다른 의료 데이터와 결합하면 혁신적인 서비스나 상품 개발, 질병 예측 등이 가능하지만, 이종 산업 데이터와의 융합 자체를 원천적으로 가로막고 있으며 결합에 대한 법적 근거마저 없다. 실제로 어느 통신사에서는 현행법의 가이드라인만 믿고 사업에 나섰다가 시민단체로부터 고발을 당하는 일도 있었다.

현행법은 비식별화한 데이터에 대해서만 상업적인 결합을 허용하고 있다. 하지만 비식별화에 대한 기준이 없다 보니 비식별의 수준 자체가 모호하고 이로 인해 비식별 데이터를 결합하더라도 데이터의 가치가 떨어지면 사용할 가치 역시도 사라지는 실정이다.

예를 들어, 제약사와 통신사의 데이터를 결합하면 특정 지역의 유동 연령대에 맞는 제약 상품을 추천하는 등의 차별적인 마케팅이 가능하다. 또 금융 거래와 공과금(통신비 등)·세금 납부 내역 등의 정보가 결합되면 신용 거래가 없는 사회 초년생이나 주부, 건강한 금융 거래자(대출이 없거나 소비량이 적은 사람)도 합리적이고 정교한 신용등급을 부여받을 수 있어 금융상품 설계가 가능해진다. 현재 국내에서는 이 같은 비즈니스가 불가능하다.

데이터 활용과 융합에 폐쇄적인 한국과 달리 중국은 데이터의 융합이 폭넓게 이뤄져 비즈니스 활동에 이용되고 있다. 중국 알리바바 그룹계열의 인터넷 은행 마이뱅크, 텐센트 그룹의 위뱅크 등에서는 통신요금을 얼마나 내는지, 혹시 연체되지는 않았는지, 과거에 온라인 쇼핑을얼마나 했는지 등의 데이터를 분석해 소비자에게 다양한 금융 혜택을제공하고 있다. 금융 거래 이외의 데이터 덕분에 금융 거래가 많지 않은 학생이나 주부, 사회 초년생까지도 은행 이용혜택을 받고 있다. 실제로 지난 2015년 생긴 마이뱅크에서는 은행 이용실적이 전혀 없는 소비자 700만 명에게 대출을 실행하기도 했다.

데이터 결합, 시급히 허용하라

동남아시아의 우버로 불리는 차량 공유 서비스 '그랩'이 이 지역의 슈퍼 앱으로 떠오르고 있다. 이 회사는 차량 공유 서비스 플랫폼으로 축적한 데이터를 활용해 '테크핀techfin' 사업을 펼치고 있다. 테크핀이란 인터넷 서비스 기업이 기술을 토대로 금융 사업을 벌이는 것으로 기존 금융을 기반으로 한 핀테크와 구별되는 용어다. 핀테크는 금융finance과 기술technology의 합성어로 정보통신기술의 발전에 따라 결제,

송금, 대출, 자산관리 등 금융 전반에 나타나는 은행들의 디지털 혁신을 의미한다.

이와 달리 테크핀은 중국의 알리바바 같은 ICT 기업이 주도하는 금융 혁신을 말한다. 그랩은 2012년 스마트폰을 기반으로 말레이시아에서 차량 공유 서비스로 시작했으며, 싱가포르·인도네시아·태국 등 동남아 8개국으로 영역을 확장했다. 그랩은 이 사업을 통해 1억 6,500만 명의 고객 데이터를 확보할 수 있었다. 이를 기반으로 그랩이 시작한 사업이 바로 '테크핀' 비즈니스이다. 그랩은 동남아 인구의 70%가 은행 계좌가 없다는 점에 착안했다. 그래서 금융 관련 사업을 총괄하는 그랩 파이낸셜을 설립하고 '그랩 페이'를 도입했다. 또한 데이터 분석을 위해 300여 명의 AI 전문가까지 채용했다. 그동안 동남아시아 은행의 결제 서비스는 수수료가 비싸고 은행 대출 또한 신용평가가 없어 쉽지 않았다. 이 같은 문제를 해결한 것이 바로 '그랩 페이'이다. 그랩은 아세안 10개국 중 6개국에서 금융 사업을 펼칠 수 있는 'e머니'를 발행했다. 이를 토대로 기존 은행 업무뿐만 아니라 손님을 운송할 때마다 2달러 정도를 그랩에 적립해 최신 스마트폰을 살 수 있는 금융상품을 만들었다. 특히 초단기 보험 상품, 상환 유예 등 기존 동남아권 은행들이 선보이지 않았던 서비스를 내놓아 호평을 받고 있다. 이 사업을 구상할 수 있었던 결정적인 이유는 바로 데이터 간 결합이 가능했기 때문이다.

국회에 상정된 데이터3법 개정안은 신뢰할 수 있는 기관을 선정해 이종 산업 간 데이터의 결합이 가능하도록 규정하고 있다. 유럽은 우리보다 앞서 2019년 5월 개인정보 보호와 데이터 활용의 두 가지 목적을 동시에 달성하기 위한 일반개인정보법GDPR을 시행했다. 개인정보와 사생활을 중시하는 유럽은 물론 일본과 중국도 제도를 통해 생활 전반에 빅데이터를 정착시키려는 노력을 진행하고 있다. 브라질, 인도네시아 등 신흥국도 프랑스, 이탈리아 등과 경쟁하는 수준으로 올라섰지만, 우리나라의 데이터 활용 순위는 OECD 회원국 가운데 31위에 머물러 있는 수준이다.

결국 '데이터 주권 시대'라는 시대적 변화를 따라가지 못한다면 우리는 스마트폰 시대에 맞이했던 애플 쇼크와 같은 극약 처방이 필요하게 될 것이다.

규제 혁파, 시대적 과제이다

이제 규제 혁파는 시대적 과제다. 데이터 규제뿐만 아니라 4차 산업혁명을 가로막는 구시대적인 법과 제도를 완전히 버려야 한다. 이를 위해 국가 지도자의 단호한 결단이 필요하다.

공익을 위해 사회적 합의를 거쳐 탄생시킨 것이 규제이고 법과 제도이기 때문에 필요성 자체를 부정하는 것은 아니다. 오래전에 만들어져 현재의 사업 목적을 달성할 수 없게 됐거나 국민의 삶을 오히려 불편하게 한다면 고쳐야 한다.

도널드 트럼프 미국 대통령은 집권 후 미국 식품의약국FDA의 규제를 완전히 바꿔놓았다.

바이오·생명 분야 산업이 혁신할 수 있도록 급진적인 개혁 조치를 내놓았다. FDA 심사(리뷰) 대상을 축소하고 기업에 자율권을 줘서 신뢰성 있는 결과가 나오면 자율적으로 업무를 처리할 수 있도록 했다. 어떤 분야는 36개에 달하는 정부 심사 절차가 9단계로 줄었다. 인체에 치명적이거나 회사를 믿을 수 없는 실험만 FDA가 심사하도록 했다. 가능한 한 기업에 맡기고 결정적인 단계에서만 FDA가 확인하도록 방식을 바꿨다. 애플·삼성 등 글로벌 기업도 이 프로그램에 참여하고 있다.

하지만 우리는 정반대로 움직이고 있다. 2019년 5월말 정부는 '바이오·헬스 산업 혁신전략'을 발표하면서 신약 허가 속도를 높이겠다고 강조했다. 그런데 이상하게도 식품의약품안전처KFDA는 의약품 심사·허가 인력 350명을 두 배로 늘리겠다고 발표했다. 이러면 간섭하는 사람이 많아져 오히려 배가 산으로 가게 될 것이다.

'정보 유출'
과다한 우려를 끝내라

애플, 내국인의 데이터를 쌓고 있다

최근 애플 아이폰은 고객들에게 알림 형태로 데이터 사용 동의 여부를 묻고 있다. 예를 들어 대한항공 애플리케이션이 사용됐는데 이를 계속 사용하겠냐는 동의를 고객에게 묻는 프로세스이다. 서비스 제공 동의에서 '서비스 사용'이란 일련의 과정에서 모아지는 데이터를 벌써 국내에서도 수집하기 시작했음을 의미한다.

반대로 국내 기업들은 역차별적 위치에 있다. 국내 인터넷 서비스 사업자는 데이터 수집 과정에서 방송통신위원회의 온라인 개인정보 가이드라인(2018.9)에 따라 특정 서비스와 한정된 개인정보만 수집해야 하고 서비스마다 사전 동의를 받아야 한다. 이 가이드라인을 적용받지 않는 해외 기업은 특정 서비스가 아닌 자사의 정책에 대한 포괄적 동의를 받고, 옵트 아웃으로 당사자가 자신의 데이터 수집을 허용하지 않는다고 명시할 때에만 정보 수집이 금지된다.

해외에서는 더 이상 빅데이터 분석 기술과 프라이버시를 상호대척 관계로 보지 않는다. 프라이버시를 빅데이터 분석 기술에 포함된 상호통합 관계big data with privacy로 본다.

필수 동의 항목은 무조건적으로 동의하고, 나머지는 무조건 거부를 누르는 현행 제도에서의 방식은 사전 동의의 취지인 약관 체크와 사전 위험성 인지 등에 전혀 도움이 되지 않는다. 형식적인 동의가 아니라 실제로 어떤 정보가 제공되는지 인지하고 자기결정권을 갖는 방식이 훨씬 취지에 부합한다.

데이터 강국, 개인정보 활용이 해답이다

프라이버시와 빅데이터 분석 기술을 통합적인 관계로 접근해야 한다. 그래야 21세기 디지털 경제에서 개인정보를 활용해 다양한 혁신 서비스를 개인에게 제공할 수 있다. 빅데이터 분석 기술을 활용해 기업은 물론 개인정보의 주체인 개인 모두가 이익을 추구할 수 있어야 한다.

KAIST 박성필 교수 등 '데이터·AI 보고서 팀'이 데이터 소스를 제공하는 '데이터 생산지'를 대상으로 설문을 진행한 결과 일반인들은 보통 데이터 거래에 대해 부정적인 생각을 갖고 있는 것으로 나타났다. 하지만 다행스럽게도 일반인들이 데이터 거래를 지지하지 않는 가장 큰 이유는 데이터 오용 및 왜곡과 관련한 '보안' 문제 때문이었다. 이는 다수의 빅데이터 선진국에서도 비슷하게 나타나는 현상이다. 국가가 지원하는 개인정보 제공 서비스의 필요성에 대해서는 과반수 이상의 사람들이 국가적인 관점 및 개인적인 관점에서 비교적 중립적인 반응을 보이고 있다. 따라서 이 문제는 사실상 기술과 제도로 해결할 수 있다. 기술의 도움을 받아 개인이 데이터의 혜택을 받도록 해야 한다.

개인정보 보호는 현행 암호화 기술로도 충분히 보호를 받을 수 있다. 현재 데이터3법의 개정안은 신뢰할 수 있는 기관을 선정해 이종 산업 간의 데이터 결합을 허용하고 있다. 하지만 신뢰할 수 있는 기관이 반드시 관여하지 않더라도 동형암호 기술을 사용하면 암호화된 데이터를 복호화하지 않더라도 민감한 데이터의 유출을 원천적으로 막을 수 있다. 개인정보 등 암호화된 데이터를 푸는 과정에서 사이버 공격자의 해킹이 시도되더라도 데이터가 유출되지 않도록 방지할 수 있다.

동형암호 기술은 IBM·마이크로소프트·인텔·SAP 등 글로벌 기업과 삼성SDS 등 소수의 기업만 실용화할 정도로 까다로운 기술이다. 블록체인 기술도 데이터의 사용을 추적하면서 개인 보안 등의 문제를 해결할 수 있다.

이런 점에서 정부는 일관된 원칙과 기준을 정해 데이터 거래가 활성화될 수 있도록 해야 한다. 데이터 거래 통합 플랫폼이 활성화하고 데이터 공급자와 수요자가 그 플랫폼을 통해 데이터를 공급하고 활용할 수 있는 제도적 기반을 만들어야 한다.

데이터 규제,
샌드박스를 도입하라

규제 샌드박스를 통합하라

현재 규제 샌드박스는 부처별로 나뉘어 있다. ICT는 과학기술정보통신부가, 금융위원회가 맡아야 할 핀테크는 산업통상자원부가 맡고 있는 등 부처가 나눠져 있다. 여기에다 교통, 원격 의료 등 사실상 기존의 기득권이 있는 분야에는 이 같은 규제 샌드박스를 도입조차 하지 못하고 있다.

지금은 4차 산업혁명이라는 커다란 흐름 속에 모든 기업들이 자사가 확보하고 있는 데이터를 활용해 비즈니스를 혁신해야 하는 시기나. 하지만 국내 빅데이터 산업은 출발 자체가 법안으로 가로막혀 있다.

미국은 지난 2016년 10월 연방통신위원회FCC가 개인정보 보호를 확대하기 위해 사전 동의 요구 규제법을 제정했지만, 트럼프 정부는 개인정보 데이터 활용을 활성화하기 위해 이 법을 폐지했다. 이로써 인터넷 이용자에 대한 데이터 매매가 가능해졌다. 개인정보는 비식별 처리, 데이터 유형별 위험성 제시 등 구체적인 기준을 마련해 데이터 사용에 문제가 없도록 했다.

그림자 규제를 없애라

존 탤버트 미국 민간 데이터 거래소 데이터품질위원장은 "우버나 에어비앤비의 성공 사례를 볼 때 추가적인 매출이 가능하도록 한 것은 데이터였다"고 말했다. 개인이 거부하지 않는 한 데이터를 마음대로 쓸 수 있도록 규정한 미국 법이 우버와 에어비앤비 매출 향상의 원인이었던 것이다.

하지만 국내 상황은 큰 차이가 있다. 법이 아니라도 그림자 규제가 우리 데이터 산업의 앞길을 막고 있다. 그림자 규제란 법규에 근거하지 않고 기업과 개인의 권리를 제한하고 있는 규제를 말한다. 법치주의에서 기업과 개인은 당연히 법과 규정(법규)에 의해 권리의 제한을 받게 되지만, 실제로는 보이지 않는 '구두 지시', '유권해석'과 '내부지침'을 통한 규제가 더 많다. 그림자 규제는 이처럼 법규에 근거하지 않고 기업과 개인의 권리를 제한하는 규제를 말하며, 이러한 규제는 기업의 투자 활동을 저해하는 '나쁜' 규제라는 뜻으로 사용된다.

정부가 쏘카를 운영하는 모빌리티 서비스 '타다'를 규제하고 있는 상황에 대해 살펴보자.

타다는 여객자동차 운수사업법 제34조 2항 "외국인이나 장애인 등 대통령령으로 정하는 경우에는 운전자를 알선할 수 있다"와 여객자동차 운수사업법 시행령 제18조 바항 "승차정원 11인승 이상 15인승 이하인 승합자동차를 임차하는 사람"의 예외 규정을 이용해 현재까지 사업을 벌여왔다. 그러나 최근 택시업계에서는 여객자동차 운수사업법상 예외 조항을 이용해 타다가 사실상 불법 택시 영업을 하고 있다고 비판하고 있다. 애초에 법이 만들어진 취지에 반하는 행위라는 것이다. 이를 통한 법 개정은 물론 대통령령으로 이를 제한할 수 있다는 발상 자체가 혁신 서비스를 기존 틀에 끼워 맞춰 규제하는 시도다.

ICT 주관 부처인 과학기술정보통신부와 방송통신위원회는 30개가 넘는 각종 가이드라인을 운영하며 기업들을 울리고 있다. 정부가 드라이브를 걸고 있는 기업 간 상생도 애꿎은 기업들의 피해를 양산하고 있다.

가이드라인은 법적 근거에 따른 설명이나 안내가 주요 목적이지만, 대부분 구체적인 서비스 기준 및 예시까지 자의적으로 해석한 결과를 세부적으로 적시해 법적 근거가 없는 행정/규제 기준의 역할을 하고 있다. 명칭 역시 '가이드라인'이 대표적이지만, '해설서', '안내서' 등 다양하게 사용되고 있으며, 명칭을 불문하고 행정/규제 기관의 실무적 편의를 위해 만들어진 경우가 대부분이다. 2018년 7월 기준으로 ICT 관련 가이드라인은 방통위 17개, 과기정통부 15개로 가이드라인이 사문화되었거나, 각 부처 웹사이트에서 확인할 수 없는 비공개 가이드라인도

다수 존재할 것으로 추정된다.

이 밖에도 방통위는 AI 관련 '4차 산업혁명과 지능정보사회에 대응하기 위한 방송통신 이용자 보호 가이드라인(안)' 제정을 준비 중에 있다.

방송통신위원회 가이드라인

	가이드라인 이름	등록일	시행일
1	중소 PP에 대한 방송광고료 결제 관련 가이드라인	2013-01-01	2013-01-01
2	안전한 쇼핑 및 물품 배송을 위한 개인정보 보호 수칙	2013-09-10	2012-08
3	온라인 개인정보 취급 가이드라인	2014-11-12	2014-11-12
4	빅데이터 개인정보 보호 가이드라인	2015-06-11	2014-04
5	스마트폰 앱 개인정보 보호 가이드라인	2015-09-02	2015-08-06
6	자율 준수 프로그램 운영 표준 지침	2016-04-12	2016-04-12
7	인터넷 자기게시물접근배제요청권 가이드라인	2016-06-13	2016-04
8	개인정보 비식별 조치 가이드라인	2016-07-01	2016-07-01
9	정보통신서비스 제공자등을 위한 개인정보 유출 대응 매뉴얼	2016-08-31	2016-08-31
10	지상파방송 재송신 협상 가이드라인	2016-10-20	2016-10-20
11	온라인 맞춤형 광고 개인정보 보호 가이드라인	2017-02-07	2017-02-07
12	앱마켓 모바일콘텐츠 결제 가이드라인	2017-02-28	2016-02-01
13	스마트폰 앱 접근권한 개인정보 보호 안내서	2017-03-24	2017-03-23
14	시청자평가원 선임 및 운영 가이드라인	2017-04-03	2017-03-31
15	개인정보의 기술적·관리적 보호조치 기준 해설서 개정	2018-01-02	2017-12
16	바이오 정보 보호 가이드라인	2018-01-03	2018-01-01
17	유료방송시장 채널계약 절차 관련 가이드라인	2018-02-13	2018-01-01

	가이드라인 이름	등록일	시행일
1	네트워크 장비 유지보수 계약에 관한 가이드라인	2013-08-23	
2	지상파 방송시설 공동이용 가이드라인	2013-12-30	2014-01-01

3	SW 업데이트 체계 보안 가이드라인	2014-02-19	2014-03
4	모바일 상품권 환불 가이드라인	2015-07-15	2014-03
5	기술성 평가 가이드라인	2015-09-10	
6	이동전화사업자의 이동전화단말기 AS 및 보상서비스에 관한 가이드라인	2015-10-21	
7	ODA 공적개발 원조 가이드라인	2015-11-23	
8	2016년도 상반기 국가연구개발사업 기술성 평가 가이드라인	2016-08-18	
9	2016년 하반기 국가연구개발사업 기술성 평가 가이드라인	2016-08-18	
10	스마트폰 앱 선탑재에 관한 가이드라인	2016-11-24	
11	방송 통신 동등결합 판매 가이드라인	2017-02-15	2017-01-31
12	공동주택 전자파 갈등 예방 가이드라인	2017-06-13	
13	2017년 제2차 예비타당성조사 요구 국가연구개발사업에 대한 기술성 평가 가이드라인	2017-09-06	
14	망 중립성 및 인터넷트래픽 관리에 관한 가이드라인	2018-04-06	
15	2018년 제2차 기술성 평가 가이드라인	2018-04-09	

AI · 빅데이터 족쇄를 풀어라

미국은 데이터 사업이 융성해지며 바이오에서도 게놈 분석 정보를 활발히 활용하고 있다. 이렇게 되면 앞으로 발생할 유전자 질환을 몇십만 원에 분석할 수 있는 맞춤형 치료가 가능해진다. 중국은 13억 모든 국민의 안면 인식 영상 데이터를 확보해 가장 앞선 데이터 선진국을 만들고 있다. 범죄 없는 국가를 구현할 날을 꿈꾸고 있는 것이다.

우리나라도 하루 빨리 데이터 산업을 가로막고 있는 족쇄를 풀어야 한다. 데이터 생성·수집·유통·거래·분석·활용이 쉽게 이뤄질 수 있도록 데이터 고속도로를 만들어야 한다. 정부가 앞장서서 디지털 혁신 거버넌스(국정 관리체계)를 정비하고 과거 세력인 기득권 대신에 미래 세력이 한국을 선도할 수 있도록 해야 한다. AI와 빅데이터를 기반으로 경제·사회·교육·문화 등 국민의 모든 삶을 미래형으로 바꿔나가야 한다.

데이터 거래소를 활성화하라

데이터 활용의 길을 열어라

빅데이터는 사람의 판단이나 의사결정에도 도움을 주고 있다. 데이터를 활용해 새로운 부가가치가 창출될 수 있도록 데이터 생산과 유통을 위한 '데이터 고속도로'를 만들어야 한다. 빅데이터의 양이나 품질이 국가·기업·개인의 경쟁력을 좌우하고 있기 때문이다. 클라우드와 머신러닝, 인공지능 등의 기술은 국가가 기후·사고 천재지변 등에 대응할 수 있는 통찰력을 제공하고 있다. 기업은 데이터를 활용해 고객의 이탈을 막고 매출과 영업이익까지 늘릴 수 있는 혜안을 얻을 수 있다. 개인역시 데이터 분석의 도움을 받아 차량의 예상 도착 시간을 알 수 있고, 어떤 교통수단을 이용하는 게 좋을지에 대한 해답을 얻을 수 있다.

이처럼 디지털 데이터의 활용성이 소비자의 편익을 증진시키고 기업의 생존마저 결정하는 역할을 하고 있다.

데이터, 부의 창출 도구가 되게 하라

이제 데이터는 모으고 가공만 잘 해도 '부'를 창출하는 소중한 자원이 되고 있다. 따라서 데이터를 모으고, 연결하고, 관리하고, 분석하는 활동을 통해 누구나 소득을 창출할 수 있는 '뉴비즈니스' 생태계를 만들어야 한다.

기업들이 데이터를 어떤 방식으로 활용해 돈을 벌 수 있을지 시장에 맡겨야 한다. 클라우드, 데이터 보안, 개인정보 보호, 거래 신뢰 확보 등을 위한 데이터 기반 기술이 창출될 수 있도록 R&D 투자를 활성화해야 한다.

이미 해외에서는 빅데이터(문자·수치·영상 등 대규모 정보)가 핵심 수익 창출원으로 자리잡았다. 정부나 금융권, 의료업계, 건설업체의 대형 사업이나 맞춤형 마케팅까지 정보 수요가 밀려들면서 원천정보를 수집, 가공해 유통하는 데이터 거래소의 규모도 급성장하고 있다.

특히 미국은 데이터 산업이 급성장하면서 '데이터 거래' 세계 최대 강국의 지위를 구축했다.

미국과 캐나다의 비즈니스 애플리케이션 데이터 사용량 증가는 이 지역에서 활동하는 데이터 브로커에 대한 긍정적인 전망을 가속화시킬 가능성이 높다.

2025년이면 세계 인구 중 10억 명 이상이 중산층으로 편입되는데, 이중 2억 명이 아시아에 거주할 정도로 아시아 시장은 빠르게 성장하고 있다. 이들을 대상으로 마케팅을 펼치려면 지역에 특화된 데이터가 큰 무기가 될 수 있다.

중국은 자국과 아시아 시장을 겨냥해 가장 먼저 데이터 거래소 사업을 확장하고 있다. 중국 정부는 상하이를 데이터 유통·거래의 허브로 만들기 위해 2013년부터 준비 팀을 꾸렸고, 국유자본(59%)과 민간자본(41%)이 공동 출자한 스타트업 형식으로 2016년 상하이 데이터 거래소를 설립했다. 자본금 2억 위안(약 340억 원)과 직원 15명으로 출범한 이 회사는 현재 120여 명 규모로 성장했다. 상하이 데이터 거래소에서는 개인, 기업, 도시 데이터를 합법적으로 사고팔 수 있다. 비식별화 등 거래를 위한 필수 조치와 법적인 검토, 데이터 품질 표준화가 담보된 데이터만 거래된다. 패스트푸드 회사는 자체 고객관리 프로그램 CRM으로 수집한 소비자 구매행태 데이터에 '제3자 데이터'를 사서 자신의 서비스에 맞춤형으로 결합해 고도화할 수 있다. 이때 통신사가 갖고 있는 데이터가 유용하게 사용된다. 아직 거래량이 많지는 않지만 2020년에는 흑자 전환이 예상된다.

데이터 거래, 실패에 주목하라

데이터 거래 시장의 장밋빛 전망만 보지 말고 실패 사례도 주목해야 한다. 덴마크의 코펜하겐 데이터 거래소가 대표적인 실패 사례다. 데이터는 융합해야 가치가 생기는데, 덴마크의 경우 서로 합쳐야 할 다른 분야의 데이터 소재를 알 수 없거나 제공할 데이터가 없어 결국 실패로 끝났다. 덴마크 코펜하겐 거래소는 자사 데이터가 경쟁사로 흘러들어갈 우려와 플랫폼에 데이터가 경유되는 것에 대한 신뢰를 얻지 못해 데이터 시장 성장을 위한 생태계를 만들지 못했다. 데이터 거래를 활성화하려면 판매된 동일 데이터를 어떻게 잘 활용했는지, 구체적인 사례를 보여주는 것이 중요하다는 것을 알 수 있다.

다행히 국내에서는 제조업 기반 데이터 활용이 이미 성과를 내고 있다. 미국의 세계적인 머신비전 기업 코그넥스가 한국의 인공지능 벤처기업 수아랩을 2,000억 원에 전격 인수했다.

수아랩이 개발한 전자제품 테스트 서비스 '수아킷SuaKit'은 컴퓨터가 사람처럼 사물을 인지하는 머신비전과 기계에 학습을 시키는 딥러닝을 통해 삼성전자, LG, 한화, SK 등 대기업들의 제조공정 과정에서 발생하는 불량품을 가려내고 있다.

빅데이터 인재를 양성하라

인재 양성, 문턱을 낮춰라

서울대 컴퓨터공학부는 정원이 15년째 55명에 묶여 있다. 20년 전만해도 서울대 컴퓨터공학부 정원은 90명에 달했다. 그러나 교육부가 융합형 인재 양성을 목표로 하는 BK21을 시행하는 과정에서 학령인구 감소에 따른 대학 정원 축소를 암묵적으로 연계하면서 사달이 벌어졌다. 2000년대 공대 컴퓨터공학과와 자연대 전산과학과가 공대 컴퓨터공학부로 합쳐지면서 정원이 79명으로 줄었고 그 이후 인원이 매년 줄어 2005년부터는 55명으로 쪼그라들었다. 그사이 미국 스탠퍼드대는 컴퓨터공학과 인원을 2008년 141명에서 10년 만에 5배가 넘는 739명으로 늘렸다. 이제 스탠퍼드대 공대(전체 1,570명)에서 컴퓨터공학과는

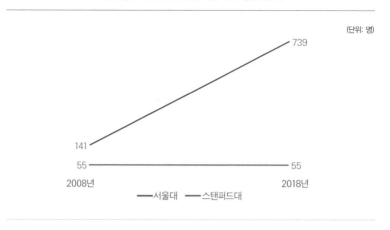

서울대, 스탠퍼드대 컴퓨터공학과 정원 변화

(단위: 명)

739

141

55 ———————————————— 55

2008년   2018년

━━ 서울대 ━━ 스탠퍼드대

절반을 차지하는 최대 학과다.

연세대 컴퓨터과학과의 정원은 110명에서 2018년 66명으로 오히려 줄었다. 포항공대는 2011년 25명에서 2017년까지 정원이 그대로였다가 2018년부터 과 구분을 없애고 이공계 단일계열로 선발하는 방식으로 바뀌었다. 고려대는 2011년 정보통신대학 시절 100명에서 2018년 115명으로 6년 사이에 고작 15명이 늘었다. 그나마 과 정원 제한이 없는 카이스트는 전산학부 정원이 2011년 66명에서 2018년 160명으로 증가한 편이다. 그러나 이 정도 증가 폭으로 AI 인재 수요에 대응하기는 역부족이다.

빅데이터, AR·VR, 클라우드 등 미래 신기술로 불리는 분야의 시장 규모 예측과 인력 수급 문제는 더욱 심각해지고 있다.

국내 인공지능 시장 규모는 향후 5년간 연평균 31.6%, 빅데이터는

12.5%, 클라우드는 15.4% 성장하고, 인력은 2023년까지 인공지능 2만 5,000명, 빅데이터 6,000여 명, 클라우드 분야는 7,800여 명이 부족할 것으로 예측됐다.

또 AR·VR 분야의 아시아 시장 규모가 향후 5년간 연평균 53.9% 성장하는 데 반해 2만 2,000여 명의 인력이 부족할 것으로 전망됐다.

하지만 신입 과학기술 인력의 지식, 기술, 창의성 등에서 현장의 요구 수준과 갭이 20%나 존재한다. 이공계 인재의 취업률은 학사가 2012년 71.8%에서 2014년 69.6%, 2016년 66.6%로 악화되고 있으며, 석·박사 취업률도 2012년 83.3%에서 2014년 82.6%, 2016년 81.4%로 계속해서 떨어지고 있다. 그럼에도 기업에서는 이공계 인재 부족을 호소하고 있는 것으로 나타났다.

공공데이터를
과감하게 개방하라

빅데이터 경제를 만들어라

빅데이터 경제 구현을 위해 우리나라는 아직 갈 길이 멀다. 먼저 빅데이터의 구축·유통·활용 등 가치사슬 전반에 쓸 만한 데이터 자체가 부족하고, 유통이 폐쇄적이며, 산업·사회적 활용도 저조한 실정이다. 엄격한 수준의 개인정보 규제로 인해 데이터 활용이 위축되어 있고, 기업이 필요로 하는 전문 인력과 인프라도 턱없이 부족한 실정이다.

공공데이터 개방의 경우 미국은 23만 3,000개에 달하는 반면, 한국은 2만 5,000개로 비교할 수 없을 정도로 낮은 수준이다. 한국의 빅데이터 활용 역시 전 세계 63개국 중 31위(2018년)로 중위권 수준이다. 실제 활용 가능한 데이터와 컴퓨팅 인프라가 부족할 뿐만 아니라 산학

연 간에 보유 자원의 공유 및 협력조차 미흡한 실정이다.

우리나라는 미국, 중국 등 주요 경쟁국 대비 AI 기술력이 낮고, 미래 수요에 대비한 연구 인력과 연구 역량 역시 취약한 실정이다.

정보통신기획평가원에 따르면 최고 기술국인 미국의 수준을 100으로 봤을 때, 우리나라의 AI 기술 수준은 78, 데이터 분야의 기술력은 79에 그치고 있다. AI 분야의 석·박사 인력은 2020년 4,500명이 필요하지만, 그만한 인재가 육성되지 않고 있는 상황이다.

기존에 개별적으로 수립한 전략으로는 선진국과의 격차를 극복하고 성장 동력을 잃어가는 산업을 부양하는 데 한계에 봉착할 수밖에 없다.

데이터, AI 분야별 육성 전략과 융합 촉진을 위한 정책을 통해 다양한 영역에서 데이터와 AI의 사용을 촉발시켜야 한다.

4차 산업혁명의 성공은 양질의 데이터 시장 형성과 고도의 인공지능 기술 확보 및 데이터와 인공지능 간의 유기적인 융합에 달려 있기 때문이다.

우리나라는 데이터 가치사슬(구축·유통·활용) 내 시장 형성이 미진하고 선진국과 인공지능 기술 수준의 격차도 커서 데이터, 인공지능 분야별 육성 전략과 융합 촉진을 위한 정책을 정부가 앞장서서 선도해야 한다.

참고문헌

과학기술정보통신부 외. 2019. 혁신성장 전략투자: 데이터·AI경제 활성화계획 (2019~2023년).

과학기술정보통신부, NIA. INSIGHT PLUS. 2017. 2017 BIG DATA 시장현황조사.

과학기술정보통신부, 한국데이터산업진흥원. 2018. 2018 데이터 산업 현황조사.

김종호. 2013. 빅데이터 시대의 정부의 역할. 〈주간기술동향〉 IT기획시리즈(2.27). pp.14-23.

뉴스젤리, 공공데이터 활용 우수사례 10가지로 본 데이터 개방의 방향 (http://newsjel.ly/archives/newsjelly-report/public-data-report/6042).

미래창조과학부, 한국정보화진흥원, K-ICT 빅데이터센터(2018). 2018 BIGDATA 선도사업 사례집(빅데이터 플래그십).

미래창조과학부, 한국정보화진흥원, K-ICT 빅데이터센터. 2017. 2017 BIGDATA 선도사업 사례집(빅데이터 시범사업, 거래중개 사업).

미래창조과학부. 2015. 2015년 빅데이터 글로벌 사례집.

박소영, 정현숙. 2018. [4차 산업혁명 기획시리즈] 빅데이터 거래의 한·중 비교: 기업 활용을 중심으로. 한국무역협회.

배동민, 박현수, 오기환. 2013. "빅데이터 동향 및 정책 시사점". 정보통신방송정책. 통권 555. 37-74.

신진욱. 2019. "'데이터 경제'로 가는 길". 〈Mobile World〉(https://www.mk.co.kr/news/it/view/2019/02/89775/).

용영환. 2012. "빅데이터 시대의 도래". 한국정보기술학회지 10(3), pp.39-43.

정보통신기술진흥센터. 2016. 중국의 빅데이터 활용 현황.

정보통신정책연구원. 2013. 미국 데이터 브로커data broker 현황.

정용찬. 2015. 빅데이터 산업과 데이터 브로커. KISDI Premium Report. pp.15-104.

정해식. 2013. "빅데이터를 활용한 기업의 경쟁우위확보 사례". IT SPOT ISSUE. 정보통신산업진흥원(http://www. dbguide. net/upload/24/20130702137275 016756810_pdf).

중국 구이저우성. 2014. "빅데이터산업 응용계획요강 3단계 발전계획〔贵州省大 数 据产业应用规划纲要, 2014-2020年〕".

한국데이터진흥원. 2018. 2018 데이터 산업백서. 서울문화인쇄.

한국정보화진흥원. 2016. 공공부문 빅데이터 활용 우수 사례 : 빅데이터, 이렇게 쓸 수 있다.

한국정보화진흥원. 2018. 대한민국 혁신성장, 데이터 경제에서 길을 찾다.

한국정보화진흥원. 2018. 데이터 경제의 부상과 사회경제적 영향.

행정안전부, 한국정보화진흥원. 2018. 내 삶을 바꾸는 공공 빅데이터.

행정안전부. 2018. 민원·관광·국민안전 분야 빅데이터 활용 잘 했네: 최근 5년간 공공부문의 빅데이터 분석 현황.

Alex Bell, Raj Chetty, Xavier Jaravel, Neviana Petkova, John Van Reenen. 2019. "Who Becomes an Inventor in America? The Importance of Exposure to Innovation". *The Quarterly Journal of Economics*. Vol134. no2. pp.647-713.

Bettencourt, L. M. 2014. The uses of big data in cities. *Big Data*. 2(1). pp.12-22.

Chunyu Jiang. 2018. "Big Data Industry in China". ITU Workshop 2018. CAICT.

Crato N., Paruolo P. 2019. "The Power of Microdata: An Introduction". *Data-Driven Policy Impact Evaluation*. Springer.

David Card, Jörg Heining, Patrick Kline. 2013. Workplace Heterogeneity and the Rise of West German Wage Inequality, *The Quarterly Journal of Economics*. Vol.128, no.3. pp.967-1015.

Etchemendy, Barbara Grosz and Zoe Bauer. 2018. "The AI Index 2018 Annual Report". *AI Index Steering Committee*.

Henke, N., Bughin, J., Chui, M., Manyika, J., Saleh, T., Wiseman, B., Sethupathy, G. 2016. "The age of analytics: Competing in a data-driven world". *McKinsey Global Institute*. 4.

Henke, N., Bughin, J., Chui, M., Manyika, J., Saleh, T., Wiseman, B., Sethupathy, G. 2016. "The age of analytics: Competing in a data-driven world". *McKinsey Global Institute*.

Human-Centered AI Initiative. 2018. Stanford University, Stanford, CA.

Jae Song, David J Price, Fatih Guvenen, Nicholas Bloom, Till von Wachter. 2019. "Firming Up Inequality". *The Quarterly Journal of Economics*. Vol.134, No.1. pp.1-50.

Marr, B. 2016. *Big data in practice: how 45 successful companies used big data analytics to deliver extraordinary results.* John Wiley & Sons.

Martin, J., Moritz, G., & Frank, W. 2013. "Big data in logistics a DHL perspective on how to move beyond the hype". *DHL Customer Solutions & Innovation*. pp.1-30.

Mary Meeker. 2019. Internet Trends 2019.

Qlik. 2018. Qlik datamarket data sheet.

VentureSquare. 2018. 2018 스타트업 투자 리포트.

Waller, M. A., Fawcett, S. E. 2013. "Data science, predictive analytics, and big data: a revolution that will transform supply chain design and management". *Journal of Business Logistics*, vol.34 no.2. pp.77-84.

Wang, G., Gunasekaran, A., Ngai, E. W., Papadopoulos, T. 2016. "Big data analytics in logistics and supply chain management: Certain investigations for research and applications". *International Journal of Production Economics*. vol.176. pp.98-110.

UNLOCK 혁명

1판 1쇄 2019년 11월 28일
1판 3쇄 2020년 2월 15일

지은이 최은수, MBN 데이터·AI 보고서 팀
책임편집 박병규
디자인 제이알컴
마케팅 김형진 김범식 이진희

펴낸곳 매경출판㈜ **펴낸이** 서정희
등 록 2003년 4월 24일(No. 2-3759)
주 소 (04557) 서울시 중구 충무로 2 (필동1가) 매일경제 별관 2층 매경출판㈜
홈페이지 www.mkbook.co.kr
전 화 02)2000-2612(기획편집) 02)2000-2636(마케팅) 02)2000-2606(구입 문의)
팩 스 02)2000-2609 **이메일** publish@mk.co.kr
인쇄·제본 ㈜ M-print 031)8071-0961
ISBN 979-11-6484-062-5 (03320)